LAS PALABRAS DE EROS

EDITORIAL
UNIVERSIDAD DE SEVILLA

Calidad en
Edición
Académica

Academic
Publishing
Quality

COLECCIONES

LAS PALABRAS DE EROS

Formas hispánicas del erotismo contemporáneo

Juan Frau
Sonja Sevo (coords.)

LITERATURA
EDITORIAL UNIVERSIDAD DE SEVILLA

Sevilla 2025

LITERATURA

Nº 181

EDITORIAL UNIVERSIDAD DE SEVILLA

Primera edición: 2025

© Juan Frau y Sonja Sevo (coords.), 2025

© De los textos, sus autores, 2025

© Editorial Universidad de Sevilla, 2025

c/ Porvenir, 27 41013 Sevilla

https://editorial.us.es / info-eus@us.es

DL: SE-2214-2025

isbn: 978-84-472-3141-6

Motivo de cubierta: *Eros y Psique*, Antonio Canova, Museo del Louvre (París)

Impreso en papel ecológico.

Maquetación: Belén Izaguirre

Impresión: Podiprint

ÍNDICE

FORMAS HISPÁNICAS DEL EROTISMO LITERARIO CONTEMPORÁNEO

JUAN FRAU
Universidad de Sevilla

Es casi un lugar común dar principio a cualquier estudio sobre literatura erótica, o sobre el erotismo en la literatura, con la formulación de quejas acerca de los prejuicios seculares que han lastrado la percepción y la valoración de las obras que podrían inscribirse en esta línea de la tradición poética. Prejuicios que sin duda han existido y que en su mayor parte han sido religiosos y morales, que son los más obvios, pero también a menudo de índole puramente estética, por cuanto, de manera consciente o inconsciente, a lo largo de la historia de la recepción y de la crítica se ha tendido a privilegiar unos tonos y unos temas sobre otros considerados menores o secundarios. Los textos eróticos, como los humorísticos, han padecido con frecuencia esta mirada despectiva, que casi siempre ha preferido, frente a ellos, la temática amorosa más espiritual y sublimada o la gravedad y la búsqueda literaria de verdades existenciales. Recuérdese, por ejemplo, la forma en la que un excelente crítico como Francisco Márquez Villanueva abordaba la caracterización del *fino amor* de la poesía provenzal y se encontraba con esos textos «inflamados por una sensualidad de impudor casi incompatible con el nivel de decencia que hoy nos exige la letra impresa» (Márquez Villanueva 1977: 46), sin llegar al «atrevimiento indecente de otros trovadores que [...] ponen su poesía a un nivel meretricio celebrando con ella amores que marchan derechos a su consumación carnal» (47). Es cierto que, del mismo modo que lo humorístico puede degenerar en lo chusco o lo chabacano, lo erótico puede descender a lo procaz y lo obsceno. No es menos cierto que la solemnidad más morigerada puede, igualmente, correr el riesgo del exceso, de lo inane o de la mediocridad protocolaria y que el amor de inspiración petrarquista o romántica tampoco está libre de caer en el cliché o en la sensiblería. No parece que haya temas o tonos mejores en sí mismos, sino tratamientos poéticos acertados o fallidos, y cabe aceptar que, como el humor, el erotismo es un elemento de una enorme importancia en la historia de las formas estéticas, tanto en la literatura como en las demás artes, por lo que huelgan mayores justificaciones y parece claro que ha de estudiarse en la justa medida, que es la que viene determinada por su presencia efectiva y frecuente en las obras.

No se puede olvidar, por otra parte, y como se expondrá en diversos capítulos de los que componen este volumen, que tanto el sexo como el erotismo poseen en ocasiones un componente ideológico que puede considerarse transgresor y hasta subversivo. El erotismo, en el arte, puede cargarse de unos valores simbólicos que tienen que ver con la afirmación, con la identidad o con la protesta, tanto en el plano individual como en el social o político. Esto, junto con los escrúpulos morales y religiosos a los que antes se aludía, ha generado importantes problemas en la divulgación y transmisión de los textos eróticos, que a menudo han tenido que sortear la oposición de los poderes públicos y de instituciones censoras, y no solo en épocas pretéritas o en regímenes totalitarios y dictatoriales, sino también en sociedades modernas y democráticas. Lo erótico siempre ha resultado desafiante para algunas sensibilidades, y la sensibilidad supraindividual o social predominante, que desde la época neoclásica se ha conocido como *buen gusto*, ha ejercido una poderosa influencia a la hora de permitir o no la circulación de las obras cuestionadas.

Como tantos otros conceptos, el del erotismo es susceptible de muy diferentes usos y definiciones. Georges Bataille (2023), uno de los referentes fundamentales en la bibliografía sobre el tema, lo entiende en función de la relación que se establece entre la vida y la muerte a partir del acto que, mediante la unión con el otro, conduce a la reproducción humana, en la búsqueda de la continuidad, y distingue el erotismo de los cuerpos, el de los corazones y el sagrado. Esa relación entre el instinto erótico y la afirmación de la vida frente a la muerte es algo que, en efecto, se advierte con frecuencia en los textos literarios. Se trata de una idea que aparece en la poesía de uno de los autores aquí analizados, Blas de Otero, y parece oportuno recordar, en este respecto, la manera en que el poeta Pablo Guerrero expresa esa oposición de forma explícita en una de sus canciones más hermosas: «Para huir de la muerte / nos amaremos todo enteros [...]. / Para huir de la muerte / pienso resucitar el conjuro dormido de tus pechos, / pienso andar tus raíces, bucear hasta el centro, / para huir de la muerte», porque, concluye, «hay sumergida una ciudad donde luchan / la muerte y el amor, / el amor y la muerte» (1972). Eros y Tánatos es una pareja antagónica, fundamental para entender la condición del ser humano y, claro está, su expresión estética. El impulso erótico sería, así, una búsqueda –a menudo agonal– de la trascendencia.

Según Bataille, si la actividad sexual sería común al mundo animal, el erotismo resulta ser algo propio y exclusivo de la humanidad, y solo nace cuando esa actividad sexual «no es rudimentaria» (2023: 36). En esta línea estaría la propuesta de Octavio Paz en *La llama doble*, cuando afirma: «el erotismo no es mera sexualidad animal: es ceremonia, representación. El erotismo es sexualidad transfigurada, metáfora» (10), y coincide con Bataille en que el acto *sexual* remite a la reproducción, pero el erotismo la desvía o la niega, dejando que el placer se convierta en un fin en sí mismo (Paz 2023: 11). Es cierto que en otras ocasiones, y de manera igualmente legítima, el concepto de lo erótico adquiere un sentido lato y se vuelve, con el apoyo de la etimología, en sinónimo de amoroso o amatorio. Es la postura que adopta Remedios Sánchez, por ejemplo: «la literatura erótica, a nuestro entender, consiste en la expresión de una experiencia amorosa por medio del lenguaje, dando el sentido más profundo posible a lo que se entiende por *experiencia amorosa*» (2005: 238). De este modo, la calificación de literatura erótica serviría del mismo modo para hacer referencia, pongamos por caso, al soneto V de Garcilaso («Escrito está en mi alma vuestro gesto...») y a los relatos más salaces del *Decamerón*. Como puede deducirse de lo antedicho, cuando en este volumen hablamos de erotismo nos referimos a su sentido más específico, aquel que remite a la carnalidad y al deseo físico, a la búsqueda del placer mediante la experiencia sexual.

Así pues, la presencia de lo erótico en la literatura involucra una serie de perspectivas dispares que, en su conjunto, delimitan una realidad con frecuencia conflictiva o problemática. La crítica sociológica, la psicoanalítica y la feminista, o la teoría y la historia de la recepción, por ejemplo, se suman a las escuelas llamadas inmanentes. Incluso hay una interesante veta algo menos explorada en los estudios de traducción, que en los últimos tiempos han experimentado un notable cambio de paradigma, de manera que, tras unos largos inicios en los que la preocupación y el enfoque eran casi exclusivamente lingüísticos (con algo de espacio para las cuestiones retóricas y estilísticas), han descubierto la importancia de los factores ideológicos. Ahora se suele reconocer, como afirman André Lefevere y Susan Bassnett (1990: 11), que no existe ninguna traducción inocente, y que todo ejercicio de traducción obedece a una ideología latente que se demuestra en la propia práctica efectiva. Lefevere pone como ejemplo las traducciones dieciochescas de los textos clásicos grecolatinos, en las que se aplicaba sistemáticamente un filtro que suavizaba tanto los elementos en exceso violentos como los eróticos, de tal manera que los machos cabríos se volvían ovejas en la traducción, y las mujeres atenienses de Aristófanes no agarraban a sus maridos por el miembro viril, como decía el texto original, sino por la nariz. Como puede suponerse, en la literatura española también se observa esa tendencia, y de igual forma se eliminan elementos eróticos, por ejemplo, en la traducción que en 1617 hace Diego de Agreda y Vargas de *Leucipa y Clitofonte*, la novela erótica del alejandrino Aquiles Tacio (Cruz Casado 2005: 174). Hay una suerte de censura autoimpuesta que afecta a traductores como Leandro Fernández de Moratín, que al verter al español el *Hamlet* de Shakespeare elimina las alusiones de carácter sexual, ya sea «por escrúpulo propio, por deseo de embellecer el texto o por miedo a que si la traducción pasaba a la imprenta o era representada fuese censurada» (Ruiz Casanova 2000: 356). Es significativo que no solo se haga referencia a la posibilidad de la censura, sino también a la voluntad de embellecer el texto, asumiendo así que la belleza se sitúa en el polo opuesto al erotismo. La percepción de lo sexual como elemento disonante, antiestético, es tan discutible como innegable en buena parte de la creación literaria de muchas épocas, y, aunque quizás ya no sea predominante, todavía existe en una proporción que no debe considerarse residual. Por supuesto, la censura no ha sido solo una posibilidad en la mente de los autores, sino una realidad factual y patente a lo largo de un gran tramo de la historia y, como señala González Ramírez al estudiar la traducción de las obras de los *novellieri* italianos en el siglo XVI, con objeto de evitar las sanciones y prohibiciones censorias se escatiman todo lo posible los detalles amatorios, de modo que «el erotismo en la novelística italiana que se difundió en España es un tema de pálidos reflejos: se generan numerosas tramas y situaciones obscenas o licenciosas, pero los elementos eróticos son relegados a un plano secundario» (González Ramírez 2015: 98-99).

El concepto de erotismo, en efecto, está unido a otros adyacentes, como los de sexo y deseo. También es un lugar común oponerlo a la pornografía, atribuyendo a veces al primero un carácter espiritual o trascendente que estaría ausente en la segunda, asociada por lo común a la perversión y a la degradación. Quizás sea una visión un tanto sesgada por aquellos prejuicios a los que antes aludíamos, y la separación entre ambos conceptos es acaso imprecisa y subjetiva, además de bastante relativa. Todavía en textos académicos del siglo XXI es posible encontrar esta visión moralista a la hora de definir el erotismo y oponerlo a otros conceptos relacionados con el deseo sexual, como hace, por ejemplo, Laura Hernández en su estudio sobre el erotismo en la literatura femenina hispanoamericana:

> La manipulación de la palabra erotismo para denominar todo lo refe-
> rente a los deseos e impulsos sexuales sin involucrar a la fuerza espiri-
> tual los han llevado a la pérdida de la emoción, del sentido de buscar y
> procurar el bien común que se inicia al querer la felicidad del otro. El
> hedonismo actual lleva al hombre y a la mujer a la búsqueda del placer
> físico irrefrenable, incursionando en ámbitos prohibidos por las reglas
> de la naturaleza, que al ser rotas la desequilibran creando enfermedades
> mortales, plagas devastadoras de la humanidad. (Hernández 2003: 29).

El juicio moral provoca en demasiadas ocasiones interferencias
que nublan el juicio estético. Sin embargo, es fácil que la mirada cen-
sora de una determinada época califique de pornográfico lo que otra
mirada más antigua o moderna puede considerar erótico. La visión
más conservadora tiende a trazar líneas divisorias en función de la
mayor o menor intensidad de la expresión de la sexualidad, de modo
que aquello que podría considerarse domesticado sería erótico y aquello otro que se escapa de los parámetros aceptables sería pornográfico.
A menudo, son las instituciones en el poder las que determinan, con
criterios variables, lo que es o no es pornografía. Se trata de una cuestión que afecta al arte y a la literatura más allá de la simple cuestión
exegética y valorativa, y que llega a tener una dimensión jurídica. Son
numerosas las obras que han sido prohibidas por su contenido erótico, aunque a largo plazo esto no ha supuesto un obstáculo insalvable
para el reconocimiento por parte del público y de la crítica. Si nos ceñimos a la última centuria, autores como James Joyce, Henry Miller,
Radclyffe Hall, D. H. Lawrence, Vladimir Nabokov, Norman Mailer,
William S. Burroughs o Edna O'Brien sufrieron la prohibición de algunos de sus libros por parte de las autoridades, algo que ha afectado
en una medida similar a títulos cinematográficos y a artistas plásticos,
sobre todo pintores y fotógrafos.

No parece, en todo caso, haber una separación clara y definida,
que pueda establecerse con criterios objetivos, entre lo erótico y lo
pornográfico. Los extremos más alejados sí se distinguen con cierta
nitidez: está claro que cuando solo hay insinuación o sugerencia no
cabe hablar de pornografía, sino de erotismo, y puede admitirse que

cuando las referencias sexuales se mezclan de manera explícita con la violencia más transgresora y brutal sucede lo contrario, pero lo más frecuente es que en los textos literarios, y en el arte en general, predominen las formas intermedias. Con todo, no solo los criterios morales determinan la distinción de estos conceptos y, aunque con menos frecuencia, también se ha empleado en ocasiones el argumento de la calidad estética: si partimos de una temática similar, sería erótico el texto que atesora suficientes méritos literarios, en tanto que sería pornográfico el que carece de ellos de una manera manifiesta. De este modo, sería responsabilidad del crítico, mediante la valoración o el juicio, salvar las obras que pueden adscribirse a lo erótico y condenar al resto, como pornográficas, al limbo de lo paraliterario.

Por otra parte, conviene distinguir entre literatura erótica y obras literarias en las que en alguna medida se manifiesta lo erótico. Una obra se definiría como erótica cuando la mayor parte de sus elementos se organiza en torno al tema del deseo sexual, o bien cuando las referencias de carácter erótico son, al menos, recurrentes, pero no es infrecuente que estas referencias se circunscriban a un episodio o un fragmento concreto, del mismo modo que puede haber pasajes humorísticos o violentos, sin que ese sea el tono general de la obra. Como se verá más adelante, en uno de los capítulos de este libro, el erotismo está presente en algunos de los poemas de Blas de Otero, con mayor o menor intensidad, pero no sería del todo preciso calificar de poesía erótica al conjunto de la obra lírica de este autor.

Frente al sexo, al que, como antes decíamos, se atribuye un carácter instintivo y natural, el erotismo, que en gran medida se nutre del sexo, posee, por el contrario, un evidente carácter cultural y se manifiesta históricamente, de forma que, como puede comprobarse con facilidad, cada época tiene sus propias percepciones e inclinaciones eróticas. No hay época literaria en la que el erotismo no esté presente de alguna manera. Si dejamos a un lado la literatura grecolatina, que reserva un gran protagonismo a los aspectos eróticos tanto en la lírica como en la comedia, y por supuesto en la mitología, y nos ceñimos a la tradición hispánica, el erotismo se encuentra ya en la poesía de Al-Ándalus de Ibn Farach, en la poesía trovadoresca, en la novela de caballerías o, más tarde, en la novela picaresca y en la lírica barroca, con cierta tendencia a la idealización en las primeras y con rasgos más crudos y jocundos en las últimas, aunque con numerosas y evidentes excepciones. Después llega el erotismo de los librepensadores ilustrados, con frecuencia imbuido de un sesgo anticlerical, y más tarde el deseo irracional e hiperbólico de los poetas románticos, la voluptuosidad y la atracción morbosa de los decadentistas, la refinada sensualidad y la sensorialidad de la literatura modernista, la cruda sexualidad de la novela naturalista, que abriría las puertas a las novelas del erotismo crítico de Felipe Trigo o de Eduardo López Bago, mientras, entre la novela de consumo popular, el deseo sexual un tanto esquematizado de los interminables folletines da paso a la novela corta sicalíptica, que a su vez inaugura una nueva época en la que los textos se acompañan de ilustraciones subidas de tono y fotografías. En este período, que puede circunscribirse a los años veinte y treinta del siglo XX, y como señala Maite Zubiaurre, «todas estas contribuciones a Eros cristalizaron en una cultura de latido rápido y con frecuencia irreverente y transgresora, en una cultura altamente visible, exhibicionista y callejera, destinada, sin embargo, a morir muy pronto» (2014: 16), debido a las razones históricas y políticas que todos conocemos. Cada una de esas épocas, pues, otorga un tratamiento propio al deseo erótico, y puede observarse cómo varían los grados de procacidad, humor, refinamiento, o incluso misticismo con el que se refleja este aspecto tan humano.

Uno de los principales hitos en la evolución del erotismo literario, sin duda, es la reivindicación y el surgimiento de la voz y la mirada femenina, que hasta el siglo XX, con muy pocas excepciones, había estado silenciada y sometida a la imposición casi exclusiva de los modelos eróticos masculinos. De este modo, la imagen tradicional de la mujer como objeto de deseo o recompensa del héroe da paso a un sujeto deseante con una sensibilidad propia y con sus propios matices. Incluso aspectos supuestamente favorables, como la idealización o la veneración de la mujer por parte del poeta masculino, se rechazan entonces como un lastre para el ejercicio de una verdadera afirmación. En este sentido, no es necesario abundar en el hecho de que los aspectos eróticos y sexuales constituyen una parte fundamental de la cuestión más general de la identidad de género. Si el erotismo tradicional ha sido a menudo expresión por excelencia de la masculinidad en sí, el de la mujer ha pretendido, con la misma intensidad, exponer la esencia femenina, asociándose por lo demás a elementos característicos de su experiencia e incluso de su fisiología, como la menstruación o el embarazo (sin que ello impida, por otra parte, la reivindicación de una sexualidad desligada, precisamente, de la función reproductora; una sexualidad orgullosa, por eso mismo, de consagrarse de manera exclusiva a la búsqueda del placer propio). A esto se añade que tanto el sexo como el erotismo han tenido siempre una vertiente asociada a la posesión y a la relación de poder que se establece con el otro, de manera que la conquista por parte de la mujer del discurso erótico literario se enmarca, del mismo modo, dentro de su lucha por la emancipación y por el derecho a situarse al margen de las convenciones y los tópicos establecidos en la escritura masculina.

Son muchas, en efecto, las variaciones que pueden encontrarse en el erotismo, y, dados los infinitos matices, no es fácil establecer una clara taxonomía. A esta diferencia entre el erotismo masculino y el femenino habría que añadir las que introducen otras orientaciones de género, entre las que destaca la compleja tradición de la literatura homoerótica, principal campo de estudio de la teoría *queer,* que va más lejos en sus reivindicaciones al rechazar, por esencialista y simplista, la perspectiva binaria. Incluso podría establecerse, como modelo añadido, una nueva oposición entre un erotismo humano y otro a lo divino, que aparece en la poesía de algunos autores místicos, uno de cuyos máximos exponentes sería Juan de Yepes, con su «Cántico espiritual». En realidad, no son ámbitos impermeables, sino que se entrecruzan de continuo, y si en estas obras ascéticas y místicas el hálito religioso se impregna del deseo más humano, en cierta literatura profana sucede lo contrario, y la sensualidad de poetas como Rubén Darío aparece atravesada por un indisimulado y consciente tono religioso, siquiera en las formas y apariencias.

La taxonomía de las formas literarias del erotismo es variada y compleja, y la diferenciación a partir de la orientación sexual o genérica reflejada en la voz poética o en la materia ficcional es solo una de las posibles. Otra de las posibles divisiones tendría que ver con las distinciones que se han propuesto entre poemas abiertamente eróticos y poemas que recurren a la ambigüedad y la sugerencia, que a veces se utiliza, como antes decíamos, para justificar una supuesta y polémica separación entre lo erótico y lo pornográfico. En todo caso, es innegable que hay textos en los que lo erótico se esconde detrás de dobles sentidos, de alusiones veladas o de símbolos delicados que dejan en gran medida que sea el lector el que descubra, a partir de esas claves, la posible referencia. En ocasiones son leves y sutiles pinceladas que despiertan la duda en el lector de si tienen o no tienen el significado que él sospecha, sin que pueda tener la certeza. A menudo, vocablos inocentes en su contexto natural se cargan de sentido erótico en el texto poético, ya sea por una ocurrencia original del poeta, ya sea al integrarse en la tradición, culta o popular. Pensamos, por ejemplo, en el célebre pajarillo de Lesbia en los poemas de Catulo, en otros elementos de la naturaleza, como un río o determinadas flores, en fenómenos como la sed o en verbos como arar, cabalgar, remar, etc.

Precisamente esta sería otra posibilidad taxonómica, la que distingue entre un erotismo culto y otro popular. Puede haber una cierta relación con lo anterior, y que la sutileza se asocie a la tradición culta en tanto que lo explícito encuentre su lugar en la tradición popular, pero esto, que podría aceptarse como tendencia en algunas épocas o en ciertos subgéneros literarios, no sería en todo caso una norma. Autores cultos como Pietro Aretino pueden ser abiertamente procaces y cancioncillas anónimas de carácter popular, a su vez, mostrar una fina delicadeza en la alusión erótica. Por otra parte, no son dominios aislados, sino que se entrecruzan, sobre todo en una de las direcciones: el poeta culto puede dominar varios registros y a veces desciende la escala de los estilos para introducir en su obra los tonos y los elementos de los cuentos o los poemas populares, a menudo con espíritu jocoso o festivo.

Esto último también serviría para trazar otras dos líneas divergentes de la literatura erótica: una que se enuncia desde la gravedad y otra que exhibe un carácter chusco o chocarrero. En el primer caso, el poeta se acerca al erotismo como algo casi sacro, que tiene que ver con los deseos más perentorios y que incluso alcanza una gran trascendencia existencial. En el otro caso, el sexo se vuelve objeto de chanzas sin cuento, con frecuencia transgresoras y conscientes de esa transgresión. Es notorio que la sexualidad se presta especialmente al enfoque humorístico y, de hecho, parece estimular de manera notable el ingenio en lo que se refiere a imágenes, metáforas, dilogías y demás tropos y figuras de pensamiento o de dicción. El mismo hecho de que se perciba como un terreno prohibido, objeto de represión por parte de las autoridades morales y religiosas o fuente de tensiones en el plano familiar y social, provoca que lo erótico se asocie a situaciones escandalosas y tal vez risibles, o que suscite, simplemente, la risa pícara o maliciosa. De ahí procedimientos como las rimas truncas, y géneros como las sátiras de escarnio medievales, cierto tipo de *novella* renacentista y más tarde picaresca o las canciones salaces del cabaret y de la copla.

Lo culto y lo popular, como lo sugerido y lo explícito, pueden determinar en cierta medida la forma en que circulan los textos eróticos. Hay un contraste significativo entre un erotismo que se recibe o se percibe como algo clandestino y prohibido y un erotismo que no solo está aceptado, sino que se integra perfectamente en los engranajes del mercado editorial. No deja de constituir una notable paradoja el hecho de que el carácter transgresor conlleve en ocasiones una fuerte oposición a cargo de las autoridades políticas y morales que, sin embargo, se traduce en un mayor interés por parte del público y el consiguiente éxito de la obra. Como señala Felix Guattari, «el Eros siempre es inversión del límite entre el placer autorizado y la prohibición codificada. Prolifera al margen de la Ley; es cómplice de la prohibición; canaliza la libido sobre el objeto prohibido, que solo roza y apenas descubre» (1998: 91). Es lo que sucedió en el ámbito cinematográfico con *Ultimo tango a Parigi*, de Bernardo Bertolucci, o lo que ha sucedido con novelas como *Tropic of Cancer*, de Henry Miller, o *Lady Chatterley's Lover*, de D. H. Lawrence, que llegaron a un público más amplio del que en otras circunstancias habrían alcanzado, por causa, en gran medida, del escándalo y la polémica que las acompañó. Obras menores que sí persiguen desde un principio el consumo masivo, como *Fifty Shades of Grey*, deben su considerable éxito comercial, precisamente y de manera casi exclusiva, al contenido erótico. Lo erótico, en ejemplos como este, aparenta un carácter transgresor que en realidad no es tal, sino que experimenta un acusado proceso de banalización y domesticación. Como señalaba el crítico italiano Pietro Bonfiglioli, la «revolución del deseo», evidente en sus manifestaciones artísticas en la segunda mitad del siglo XX, especialmente en los años sesenta y en el ámbito cinematográfico y de las artes plásticas, tenía un componente de compromiso con «la lucha por la libertad de comunicación y de la información en general», con un marcado sesgo contestatario, pero al mismo tiempo albergaba una cierta ambigüedad, en tanto que se aliaba, «con la manipulación comercial del sexo, con la misma comercialización de la naturaleza humana» (1998: 17).

Esta ambigüedad es solo una más de las que presenta el erotismo, tan complejo como multiforme y siempre huidizo ante definiciones y clasificaciones estrictas. En las páginas que siguen no se pretende, como es obvio, agotar el amplio venero de este campo inabarcable, sino apenas contribuir a su conocimiento con algunas miradas diversas y complementarias sobre sus manifestaciones literarias en la época contemporánea, desde la segunda mitad del siglo XIX hasta estas primeras décadas del siglo XXI, tanto en la prosa narrativa como en la poesía lírica. Conviene precisar que el propósito de este breve volumen es realizar una serie de catas o prospecciones, por así decirlo, que suponen un acercamiento consciente y voluntariamente limitado a algunos autores de indiscutible interés estético y que son notables representantes de la escritura y la sensibilidad de su tiempo, pero que por sí solos, claro está, no permitirían dibujar un panorama completo de la tradición literaria erótica de las letras hispánicas. Un estudio más amplio y profundo del erotismo en la literatura en español habría de tener en cuenta nombres imprescindibles como, por ejemplo, los de Federico García Lorca, Vicente Aleixandre, Pablo Neruda, Gonzalo Rojas, Blanca Varela, Jaime Gil de Biedma, José Ángel Valente, Cristina Peri Rossi, Gioconda Belli o Ana Rossetti, por mencionar algunos de los principales poetas del siglo XX que han destacado en algún momento por su expresión erótica. Del mismo modo, en el ámbito de la narrativa podría destacarse la obra de Mario Vargas Llosa, Camilo José Cela, Francisco Umbral, Manuel Puig o Almudena Grandes, a la que cabría añadir toda una producción de género, de inferior calidad y a cargo de autores menos conocidos, en las consabidas colecciones semanales de novelas cortas *sugestivas* o *sicalípticas* a las que antes se hizo alusión.

Los estudios sobre poesía y novela que constituyen la parte más extensa de este libro tratan de estudiar algunas manifestaciones históricas del erotismo literario en la modernidad. En primer lugar, el erotismo decimonónico –ya finisecular– recibe la debida atención por parte de María José González Dávila, que se centra en la producción narrativa de Eduardo López Bago para examinar la representación de la *sexualidad degenerada* en la novela médico-social del siglo XIX, específicamente en la obra *La prostituta*, de Eduardo López Bago. A partir de una revisión crítica de las teorías naturalistas, se aborda en estas páginas cómo el autor utiliza el erotismo patológico como metáfora de la decadencia moral en la sociedad burguesa. Se observa en este estudio cómo los personajes femeninos, especialmente las prostitutas, simbolizan los males sociales y las tensiones de género en el naturalismo radical y de qué manera el cuerpo femenino es tratado como un objeto de explotación y enfermedad, representando las perversiones sexuales y la doble moral de la época. La sífilis y otros estigmas físicos no solo actúan como elementos narrativos, sino como instrumentos de denuncia de la corrupción social. El propósito último de González Dávila sería subrayar la forma en la que López Bago utiliza el eros negro para confrontar al lector con las fisuras morales de la burguesía, evidenciando una sociedad en decadencia que devora a sus miembros más vulnerables.

En lo que atañe a la lírica hispánica de la segunda mitad del siglo XX y los comienzos del XXI, Ezequiel Moreno y Joaquín Moreno se ocupan, respectivamente, de analizar los rasgos eróticos de la poesía de Blas de Otero y de Antonio Carvajal, dos autores separados por una generación y cuyas poéticas son muy distantes entre sí, aunque los cuatro poemarios del andaluz aparecieron cuando el de Bilbao todavía escribía sus últimos poemas, largo tiempo inéditos, y, de hecho,

Carvajal publica en 1979, año de la muerte de Otero, el poemario *Siesta en el mirador* en la colección «Ancia», de Ediciones Vascas. Ezequiel Moreno prefiere hablar de expresión erótica antes que de erotismo al analizar la obra de Blas de Otero, y señala que el tema amoroso se encuentra inserto entre el impulso religioso de su poesía inicial, donde se busca la trascendencia del espíritu a través del deseo erótico, y la visión solidaria posterior, que encuentra en la aspiración a la justicia social el sentido de la existencia. Los rasgos eróticos estarían más acentuados en esa primera parte de la obra de Otero, sin embargo la más breve, si bien la vocación autobiográfica de su escritura provoca que lo amoroso y lo erótico aparezcan sin remedio en el plano de la evocación personal, cuando el poeta recuerda algunos episodios de su vida sentimental o afectiva. Se trata, claro está, de un biografismo tamizado por la literatura, e incluso abundante en ejemplos de intertextualidad, como se pone de manifiesto en el análisis del poema «Pero los ramos son alegres» y como, por otra parte, ya se podía apreciar en los poemas de corte místico de su poemario inicial, *Cántico espiritual.*

Precisamente entre 1975 y 1977 sitúa Joaquín Moreno el momento de renovación de la lírica española, cuando comenzaría el período más productivo de la denominada generación del 70. Después de la correspondiente contextualización histórico-literaria, que trata de organizar los principales nombres de la época, Moreno se centra sobre todo en los aspectos eróticos de la poesía del grupo Cántico, con el análisis de poemas de Juan Bernier y Pablo García Baena, y especialmente de los de Antonio Carvajal, cuya obra se extiende por las últimas décadas del siglo XX y las primeras del XXI. Como se señala en el capítulo, las primeras manifestaciones eróticas se encuentran ya en el primer poemario de este último, *Tigres en el jardín*, de 1968, que participa de esa larga tradición que entrevera las referencias al deseo carnal con la imaginería religiosa. Como en Blas de Otero, la vivencia se ficcionaliza mediante la codificación literaria y se inserta en la tradición mediante el procedimiento recurrente de la intertextualidad. Esta tradición no se limitaría al ámbito hispánico, puesto que, como expone Moreno, además de la de Lorca o la de Rubén Darío, habría una influencia perceptible del erotismo de Baudelaire, aunque despojado de la cierta inclinación a la crueldad que se observa en algunos poemas del autor francés.

El libro continúa con un capítulo, el penúltimo, dedicado de nuevo a la narrativa, en este caso la de la escritora colombiana Piedad Bonnett. Resulta de especial interés el enfoque interdisciplinar con el que Sonja Sevo aborda el estudio de tres de sus novelas: *Después de todo* (2001), *Siempre fue invierno* (2007) y *El prestigio de la belleza* (2010). Si bien los grandes nombres de la crítica literaria inmanentista del siglo XX, desde Benedetto Croce hasta Roman Jakobson, pasando por Dámaso Alonso, Emilio Alarcos o Rafael Lapesa, defendieron (y así lo hicieron en la práctica) la conveniencia de combinar los conocimientos lingüísticos y los literarios para estudiar adecuadamente los textos poéticos, la especialización actual y una cierta falta de miras ha conducido al alejamiento entre lo que ahora se percibe como dos áreas académicas inconexas. Sevo rescata ese espíritu filológico anterior a las métricas oficiales para acercarse a la obra narrativa de Piedad Bonnett y analiza los recursos discursivos y estilísticos que emplea la escritora amalfitana para explorar la temática erótica. El análisis, como decíamos, combina herramientas lingüísticas y literarias para revelar la manera en que el erotismo trasciende el plano físico y se convierte en un medio de introspección emocional y psicológica en sus personajes. Se examinan estrategias como el uso de metáforas, imágenes sensoriales, diálogos íntimos y monólogos interiores, que se utilizan para crear una atmósfera cargada de sensualidad y para detallar pensamientos y sentimientos asociados al deseo. Además, Sonja Sevo presta atención a la forma en la que el lenguaje refleja tensiones de poder, deseo y vulnerabilidad, configurando una narrativa que somete a un cierto cuestionamiento convenciones culturales y géneros literarios. En términos generales, este penúltimo capítulo destaca que el erotismo en la obra de Bonnett no solo enriquece las dimensiones humanas de sus personajes, sino que también funciona como una herramienta crítica que invita al lector a reflexionar sobre temas universales como el amor, el cuerpo y la subjetividad.

El volumen se cierra con una reflexión teórica por parte de la poeta y dramaturga Carla Nyman, que, con predominio de apoyos en la teoría postestructuralista francesa y en algunos presupuestos de la teoría psicoanalítica, examina cómo la sexualidad se relaciona con determinados aspectos de la corporeidad y cuáles son las implicaciones de que la fusión erótica dependa del carácter horadado de los cuerpos. La orificialidad, condición que permite la entrada y la salida de los fluidos corporales, conllevaría, según Nyman, el cuestionamiento de la idea del sujeto como algo autónomo y delimitado o definido. Es el orificio lo que nos conecta con el otro, pero al mismo tiempo se relaciona con lo abyecto, de manera que la intimidad y la vergüenza se vuelven en gran medida inseparables. Nyman se remonta a la literatura de la Edad Media, a Rabelais y a los *fabliaux*, pero llega a ejemplificar igualmente este carácter problemático del cuerpo con la producción cuentística de autores contemporáneos, como Virgilio Piñera.

Son cinco acercamientos, en fin, que dan cuenta de la expresión literaria del erotismo en distintos géneros y en distintas voces desde finales del siglo XIX hasta principios del siglo XXI y que, en definitiva, ofrecen una visión necesariamente parcial y a la vez panorámica de los diferentes aspectos que el erotismo involucra. Desde lo más corporal hasta lo espiritual, de lo vivido a lo deseado, de la imagen idealizada a la realidad social más dura, de la codificación tradicional con un claro sesgo masculino a la revisión femenina de esos códigos patriarcales, de lo sugerido a lo explícito y de lo luminoso a lo prohibido. Nada se agota en estas páginas, puesto que el erotismo conforma un campo inabarcable de experiencia y de conocimiento, pero es la suma de las miradas la que devuelve la imagen más aquilatada y confiamos en que este conjunto de artículos contribuya a ese conocimiento en la medida justa.

Bibliografía

Bassnett, Susan y André Lefevere (eds.) (1990): *Translation, History and Culture*. Londres: Cassell.

Bataille, Georges (2023): *El erotismo*. Barcelona: Tusquets.

Bonfiglioli, Pietro (1998): «Invitación al discurso teórico», en Vittorio Boarini (ed.), *Erotismo y destrucción*. Madrid: Fundamentos,17-23.

Cruz Casado, Antonio (2005): «Intercadencias de la calentura de amor: notas sobre erotismo en la prosa de ficción del Siglo de Oro», en Remedios Sánchez (ed.), *Un título para Eros. Erotismo, sensualidad y sexualidad en la literatura*. Universidad de Granada, 159-185.

González Ramírez, David (2015): «Censura, traducción y erotismo. La versión al español de Le piaccevoli notti de Straparola», en Javier Blasco (ed.), *Lasciva est nobis pagina... Erotismo y literatura española en los Siglos de Oro*. Madrid: Academia del Hispanismo, 95-133.

Guattari, Felix (1998): «Más allá del significante», en Vittorio Boarini (ed.), *Erotismo y destrucción*. Madrid: Fundamentos, 81-93.

Guerrero, Pablo (1972): «Para huir de la muerte», en *A cántaros*. Madrid: Acción.

Hernández, Laura (2003): *Escribir a oscuras. El erotismo en la literatura femenina Latinoamericana*. Buenos Aires: Lumiere.

Márquez Villanueva, Francisco (1977): *Relecciones de Literatura Medieval*. Sevilla: Editorial Universidad de Sevilla.

Paz, Octavio (1993): *La llama doble*. Barcelona: Seix-Barral.

Ruiz Casanova, José Francisco (2000): *Aproximación a una historia de la traducción en España*. Madrid: Cátedra.

Zubiaurre, Maite (2014): *Culturas del erotismo en España, 1898-1939*. Madrid: Cátedra.

EL EROS NEGRO Y LA CRÍTICA SOCIAL EN *LA PROSTITUTA* DE EDUARDO LÓPEZ BAGO

MARÍA JOSÉ GONZÁLEZ DÁVILA
UNIR (Universidad Internacional de La Rioja)

En el contexto de la novela médico-social de finales del siglo XIX, los autores naturalistas radicales emplean el erotismo y la sexualidad no solo como temas centrales de sus narrativas, sino como medios de crítica social. Conviene analizar cómo la sexualidad degenerada es utilizada como una metáfora de la decadencia física y moral en la sociedad burguesa, destacando cómo enfermedades como la sífilis se convierten en símbolos de una corrupción generalizada.

Según Pattinson (1969: 19), el acercamiento al naturalismo en España fue tardío y, en cierto modo, sesgado. Apunta que «la nueva escuela tenía mucho bueno, pero... era una exageración». Así, se convirtió en un objetivo para los naturalistas españoles encontrar un punto de equilibrio entre el idealismo imperante en la narrativa del momento y la pujante crudeza naturalista. Teniendo en cuenta esta aseveración, se comprenden las palabras de Sawa en «Impresiones de un lector» (cit. por Lozano Marco 1983):

> *La Prostituta* y *La Pálida* son obras implacables, sin nervios y sin entrañas, en que el autor se oculta por completo para que sea la realidad sola, pero la realidad más antipática, más odiosa [...] ¡Ah! El crimen es realidad, la navaja goteando es realidad también; la madre que vende a su hija, el esposo que vende a su mujer [...]. Pero también es realidad la nube, las gasas de vapor que se metamorfosean en la atmósfera marcando sobre fondo azul dibujos fantásticos.

Las teorías de Émile Zola, de raíz científica, se basaban en el estudio de la realidad a través de un plan de observaciones y notas «siendo la una conductriz de la otra, por el mismo encadenamiento de vida de los personajes, y el desenlace no es más que una consecuencia natural y forzosa» (López Bago 2005). De esta forma, el naturalismo sería la aplicación literaria de la ciencia que, como elemento que proviene y culmina en la realidad, es susceptible de ser materia narrativa, como cualquier otra parte de aquélla.

Desde los pilares científicos de Claude Bernard e Hipólito Taine, las teorías naturalistas zolescas asumidas por López Bago y, posteriormente, otros creadores, van a provocar que las novelas sean, en sus génesis, planificadas con extraordinario detalle, partiendo de la observación de todos los datos necesarios para el análisis de una determinada temática. A pesar de ello, a López Bago «le traiciona la exuberante imaginación y el fanatismo de quien desea ver ratificados todos los presupuestos que defiende como verdad indiscutible» (Fernández 1995). De esta manera, el proceso de deducción de una conclusión a través de la experimentación literaria con la realidad no es tal, sino que López Bago, más bien, induce, lo que acercaría su arte, de una manera o de otra, a la creación literaria original y basada en la imaginación más que al experimento científico, a pesar de la virulencia de sus aseveraciones naturalistas y la férrea defensa que hace de los presupuestos zolescos.

El debate en torno al naturalismo en España parte, fundamentalmente, de una cuestión moral. La temática erótica de *La prostituta* y de muchas otras producciones narrativas, así como el determinismo social que de ellas se desprende, se oponen abiertamente a los valores seculares católicos de la España decimonónica, castiza y tradicional. En la «Introducción» a *La prostituta*, Pura Fernández cita a José Ortega Munilla, contemporáneo de López Bago, que en un artículo periodístico sobre la novela señala que:

> Por el camino emprendido [por López Bago] se llegaría a pintar una humanidad encenegada en vicios y rodeada de lupanares, hospitales y lonjas de amor, como si los hombres, además de tener este vicio, no tuvieran otros, y como si contra esta cuenta de maldades no pudiesen oponer una considerable data de virtudes. (Fernández 2005: 40).

Y, sin embargo, López Bago se jacta de contar las cosas «sin las galanuras retóricas del talento literario», centrándose, exclusivamente, en «las sanas desnudeces de la verdad» (cit. por Lissorges 1998: 243), una verdad que, contada de esta manera, tiene visos de revolución e intención de reforma social. El patetismo y lo miserable del ambiente de *La prostituta* no son más que maneras de presentar esa verdad oscura del mundo del vicio, pues es el prostibulario uno de los espacios donde más flagrantemente destacan las perversiones de la *bête humaine*. Gutiérrez Carbajo (1991: 375) apunta que los naturalistas, en su afán de observación de la humanidad, lo primero que descubren es la maldad connatural del hombre, y por esto sus obras levantan tan malas pasiones.

1. La novela médico-social como vehículo de crítica

La obra novelesca de López Bago se centra en el análisis de la sociedad como un organismo, y en la observación de esta, para así poder identificar cuáles son los males y vicios que contaminan ese organismo e impiden que funcione de acuerdo con las leyes de la Naturaleza. El naturalismo radical utiliza para este objetivo una estética tremendista y feísta, y con *La prostituta* se funda en España la novela médico-social, de claro afán reformista y realista. En estas novelas se tiende a la presentación de la realidad en su cara más oscura, para mostrar lo sombrío de una sociedad llagada por el vicio. El determinismo fisiológico y social marcan a los personajes de estas novelas, porque como ya apuntó Isidora Rufete «el aire hace a la persona» (Pérez Galdós 2009: 488). El cientifismo positivista es aplicado al arte desde las teorías literarias zolescas, y la novela es creada como un ensayo de medicina: «la pluma, revestida de escalpelo, sienta plaza en los espacios de la vida cotidiana, la escudriña y aventa los comportamientos y hábitos relegados a la categoría de lo secreto» (Fernández 1997: 231).

El eros negro, por lo tanto, es llamado a ser la piedra de toque temática de la novela médico-social, porque desde el ambiente prostibulario se abren las puertas a la observación de lo más secreto de la sociedad y a las consecuencias del determinismo que estudiara Hipólito Taine. La cita de Claude Bernard con la que se inicia *La prostituta* ilustra, asimismo, la intención científica de los autores de la novela médico-social: «la moral moderna consiste en buscar las causas de los males sociales, analizándolos y sometiéndolos a experimento». El naturalismo tiene como objeto el análisis de la naturaleza, «es naturalidad en todo, la verdad en todo, lo humano en todo» (Gutiérrez Carbajo 1991: 373). En este tipo de obras se pretende presentar la realidad tal y como es, y no como debería ser, aunque es palpable la finalidad del estilo tremendista de sorprender e impactar al lector a través de hacer verosímil lo salvaje. Recurrentemente, López Bago teoriza sobre el término «novela», y presenta su preferencia por el uso de otras palabras cuyo significado se acerque a la metodología de construcción narrativa naturalista, como «estudio», «autopsia», «proceso» o «documento», hecho que refleja el cambio de concepción que de la poética se da en el naturalismo radical.

Pura Fernández (1995: 75) cataloga la novela médico-social de Eduardo López Bago como un producto que está a medio camino entre la fisiología y la sociología. Entendida la sociedad como un organismo enfermo, las leyes y las instituciones propias de la organización burguesa van a verse como una consecuencia de tal enfermedad. Los personajes de *La prostituta* son enfermos cuyos males no son más que el producto de la pertenencia al grupo social; la sífilis, el histerismo y otras patologías físicas y mentales adornan la galería de los personajes naturalistas de López Bago. Esta caracterización no es exclusiva de este autor, pues en muchas novelas de la época la construcción de los caracteres se hace a través de estigmas sociales y espacios que simbolizan esos estigmas. En su «Introducción» a *La desheredada* (1881) de Benito Pérez Galdós, Germán Gullón (2009: 36) apunta que «los hermanos Rufete pueden ser explicados como especímenes naturalistas, por el innegable impacto ejercido por el elemento fisiológico en el desarrollo de sus vidas de ficción». En esta novela, la neurosis, la macrocefalia y la epilepsia, entre otras enfermedades, adquieren importancia actancial; mientras que, por otro lado, estas nuevas caracterizaciones exigen nuevos espacios, de manera que el manicomio o la cárcel serán lugares de acción en la novela, como lo es el prostíbulo de *La prostituta*.

La novela médico-social es entendida como contraposición de la novela idealista, donde la moral siempre sale triunfante, el vicio es vencido y las historias de amor terminan felices en todos los casos. Siguiendo el esquema que establece Gutiérrez Carbajo (1991) según las características de la novela naturalista relatadas por López Bago en el apéndice de *La Pálida* y en la introducción de *El separatista*, la novela naturalista tiene que estar narrada desde un punto de vista impersonal, porque lo esencial en ella es el relato de la verdad «con ausencia de todo elemento ficticio», ya que la belleza de la novela está, precisamente, en la correcta y fiel plasmación del elemento humano. El escritor que cultive el naturalismo lopezbaguiano, por lo tanto, debe librarse de los prejuicios morales y de las trabas estilísticas, acercando el texto literario a la naturaleza y con ello a la libertad expresiva en la narración. Los impedimentos morales que pueda imponer la moral de nada sirven, porque la base de la poética de la novela naturalista es el análisis de la sociedad y la creación de documentos humanos.

2. El eros negro y la sexualidad enferma en *La prostituta* de Eduardo López Bago

El corazón del análisis estará dedicado a la exploración de *La prostituta* de López Bago, donde el erotismo se presenta como un elemento corrupto y degenerado. El concepto de «eros negro» o «erotismo enfermo» será central para entender cómo la sexualidad en esta obra no se entiende como una fuerza creativa, sino destructiva. A través del análisis textual de escenas clave, se mostrará cómo la prostitución y la sífilis actúan como metáforas de la degradación de la sociedad.

Como ya se ha comentado, la atención que los naturalistas radicales prestaban a ciertos temas «escabrosos» fue el origen de la polémica en torno a la novela médico-social. El acercamiento a la fisiología explica, en cualquier caso, el interés de aquellos por la sexualidad y la necesidad autoimpuesta de desenmascarar las pulsiones sexuales más oscuras del hombre. Los naturalistas acuden a la representación de la naturaleza animal del ser humano en todos los sentidos, con el objetivo de desentrañar las leyes naturales y devolver al hombre al lugar original que le pertenece en el mundo, estado del que la racionalidad y la espiritualidad de tradición secular le ha despojado. Tal y como señala Pura Fernández (1995: 93):

> El hombre se aleja de su naturaleza primigenia, se degenera, se rebaja a los límites de la anormalidad, a la primacía de los deseos físicos. Al arrebatar a la idea del pecado su dimensión religiosa y conferirle la esencia de contravención natural, de violación de las leyes biológicas, el individuo asume una nueva responsabilidad fisiológica.

En la novela médico-social, y más en concreto en *La prostituta*, la sexualidad y sus manifestaciones se convierten en protagonistas, de manera que no se trata de construir una ficción novelesca sobre un escenario erótico, sino que éste cobra una importancia determinante; la mancebía es «fiera y devorante como guarida de lobas», y *La prostituta* se convierte, por lo tanto, en «un auto sacramental de erotismo de enfermería» (Gimferrer 1999). Nace con el naturalismo radical la «novela sifilítica», «metáfora social sin ambages, específicamente acotada en la más inmediata realidad histórica, lejos de la fosilizada imagen que del mundo de las pasiones y la sexualidad ofrecía la tradición artística» (Fernández 2008: 11). La atención que desde el naturalismo se presta a la sexualidad se centra en la degeneración de ésta en la sociedad contemporánea; la degradación de los personajes femeninos en *La prostituta* y en otras novelas con hetairas como protagonistas responde a la inquietud del naturalismo radical por presentar la prostitución como el sumidero de una sociedad con dos caras, en contra de la extendida opinión de la sociedad burguesa finisecular, que mantenía que la prostitución era un mal necesario. Por otro lado, hay que tener en cuenta que lo que interesa desde este tipo de producciones literarias es destacar, como se ha dicho, el aspecto animal o animalizado del ser humano, y por ello el hombre aparece dominado por las pasiones más bajas y las pulsiones sexuales más miserables, símbolos de la configuración que del ser humano se hace como bestia humana.

Apunta Santiánez-Tió (1995) que la aceptación del erotismo y la pornografía como materias novelables convierten a la novela naturalista en un discurso transgresor «que expresa los estados extremos de la conciencia», en tanto que las pulsiones sexuales alteran «los límites de la conciencia humana» y cuestionan «las barreras impuestas por la sociedad al individuo». Que la fuerza de la pasión erótica domine los sentidos no es un recurso temático nuevo en la literatura hispánica, baste recordar como ejemplo obras como el *Libro del Buen Amor* o *La Celestina*. Tampoco catalogar la pasión amorosa como locura es un descubrimiento propio del cientifismo finisecular, ya que se cuenta con multitud de trabajos médicos al respecto desde la Edad Media. Lo que sí es original en cuanto al tratamiento del erotismo en estas novelas es la intencionalidad crítica, que encuadra la sensualidad en escenarios denigrantes, misteriosos y, por supuesto, degradantes para la condición humana. La novela médico-social se acerca a la sexualidad desde la patología y la enfermedad, con tendencia a poner de relieve las miserias que se relacionan con el acto sexual y la prostitución. Por eso, apunta Pura Fernández (1995: 92-93) que los naturalistas radicales unifican dos prácticas literarias en sus ensayos: por un lado, la citada atención a las demencias sexuales; por otro, la preocupación por la decadencia de la raza humana, desazón, en cualquier caso, propia de la intelectualidad finisecular y del traído mal del siglo.

Por todo esto, que la clorosis sea un elemento constante en estas novelas no es extraño. En *La prostituta*, la sífilis toma un papel de estigma social que se perpetúa en la estirpe del Marqués de Villaperdida. La enfermedad de este infecta primero a su joven esposa, que muere a consecuencia de la enfermedad venérea, y posteriormente, con Estrella como catalizador, a su hijo Luis, que, si bien no muere, mantiene la mancha como una señal de los desvíos sexuales patológicos, tanto los suyos como los de su padre:

> Luis se salvó de la muerte; pero el terrible virus infeccionó su sangre, demacró su cuerpo, agotó todas sus energías juveniles. Heredó una gran fortuna, títulos ilustres, heredó todo cuanto tenía su padre, y el palacio de Villaperdida volvió a ser un caserón ruinoso y sombrío, en cuyas habitaciones vivía siempre un enfermo entre un médico y un sacerdote. Si pasáis por allí, miradlo: allí se acaba, se extingue una gran familia, cuyo último descendiente muere poco a poco, como murió el marqués, víctima del fanatismo y de las prostitutas, las dos lepras de la inteligencia y el cuerpo (337).

El estudio de la sexualidad durante el siglo XIX surge, en el ámbito gubernamental, desde una preocupación higienista y científica por el control de la moral y por la amenaza de las enfermedades venéreas. Se establece en este momento un debate entre lo higiénico y lo moral, el derecho a la privacidad y la necesidad de control de ésta (*cf.* Vázquez García 1996; Fernández 2008). La vigilancia de la sexualidad se yergue como un elemento de control social, pero en primera instancia se convierte en una fuente de conocimiento que ayuda a mantener la represión establecida por la moral tradicional en el individuo. La sexualidad, apunta Francisco Vázquez (1996: 1017), es «una experiencia moldeada en el ámbito de la cultura, moldeada también a través del ejercicio del poder». Con el acceso a la intimidad, las observaciones y el estudio de los diferentes comportamientos sexuales de los ciudadanos, hasta entonces en la esfera de lo privado, se consigue definir lo tolerable y lo pervertido, aquello que puede tomarse por una sexualidad sana y natural, y aquello que conforma la conducta desviada y perversa del ser humano. Conviene no olvidar que, bajo todo este debate higienista y reglamentarista, late la presencia siempre hegemónica de la

Iglesia católica en España y de los preceptos que establece como moralmente aceptables.

El éxito de la literatura de temática erótica es paralelo al debate higienista y sobre el uso de la sexualidad. La subversión de los naturalistas radicales estriba en llevar a la novela lo que, en opinión del conservadurismo, debía haber sido solo accesible para los expertos médicos y científicos, y restringido al campo de los estudios especializados sobre higiene. La aparición de las enfermedades venéreas en la narración está motivada por el desorden sexual patente en la doble moral burguesa (Fernández 2008: 48): «la sífilis, como el dinero, se convierte en el *deus ex machina* de la novela lupanaria, erigida temáticamente sobre la metáfora de la mancha social». Las enfermedades de transmisión sexual se catalogan como responsables de la degeneración y la corrupción de la raza humana, preocupación constante entre los eruditos de fin de siglo. La ostentación del eros negro que se hace en *La prostituta*, entendido como «el sexo morboso generador de terribles taras y portador de la muerte» (Fernández 1995: 93), es vista como una provocación por parte de la crítica más conservadora y contraria a los principios zolescos del naturalismo radical, así como una forma mercantilista de conseguir la atención del público lector. Así, podría considerarse que López Bago utiliza el tema sexual en la tetralogía de *La prostituta* como atractivo editorial, lo que no supondría en absoluto un atributo negativo, en tanto el naturalismo radical lopezbaguiano pretende la expansión de sus teorías para atraer al lector a la reflexión sobre las llagas de la sociedad. De ahí que López Bago centre el núcleo temático de sus novelas en el erotismo y el comercio carnal.

Por otro lado, ese eros negro propio del naturalismo radical se enfrenta al eros vital de la literatura erótico-festiva de fin de siglo (Fernández 1997: 244). De una parte, se encuentra la pasión enferma, la perversión y la descripción de toda una serie de prácticas sexuales heterodoxas (sodomía, lesbianismo, felaciones, etcétera); y de otra, el canto a una sensualidad salaz y desinhibida, alejada de la psicopatía y de la enfermedad que envuelve en tema amoroso en *La prostituta*.

3. El cuerpo femenino como símbolo

La crítica, en ocasiones feroz, que López Bago hace a través de la militancia en el naturalismo radical no tiene otro objetivo que la reforma de la sociedad, una sociedad que considera enferma a causa del alejamiento del ser humano de su verdadero lugar en la naturaleza. No es extraño, por lo tanto, que cuente con un ideal utópico que evoca en su novela *El Preso* (1888). Este ideal se acerca a los «modelos arcaicos de sociedades primitivas, vírgenes aún de la carcoma de los modelos de organización de la llamada civilización moderna» (Fernández 1995: 94-95). En tanto que la mujer es, en muchos aspectos, considerada por el naturalismo radical la víctima de esos modelos, su liberación es el símbolo de la revolución y uno de los pilares principales en los que se basaría esa utopía, mientras que su sometimiento a las leyes sociales masculinas de la burguesía representa la doble moral que envilece y hace enfermar a la sociedad.

Por todo esto, el cuerpo femenino y la fuerza del deseo irracional que despierta en los hombres son, en la literatura médico-social de tema prostibulario, dos elementos enfrentados. Ese deseo conmina a la obsesión, como ocurre con Muffat o con Luis, y posteriormente a la desestabilización del orden moral. Así, la belleza del cuerpo femenino se erige «como una amenaza a la estabilidad de la cultura masculina y de la sociedad burguesa en general» (Santiánez-Tió 1995: 594), del mismo modo que la degeneración orgánica del cuerpo enfermo del Marqués de Villaperdida se constituye como símil de la decadencia sistémica de la raza. El cuerpo de la prostituta y su deseo se establecen como representaciones de ese embrutecimiento social, en tanto que las meretrices no son sujetos aptos para la procreación según los valores burgueses, y esta es el objetivo principal del acto sexual, según la moral católica secular. Ese deseo masculino, que hace que el lenocinio sea calificado como un mal necesario, no es más que una forma de anular la verdadera masculinidad, y, por lo tanto, otro elemento de transgresión a las verdaderas leyes naturales (Fernández 2008). Todo ese transvase de valores no hace sino desnaturalizar a la prostituta como mujer y como individuo apto para vivir armónicamente en la sociedad, de manera que su papel no es otro sino ser el objeto de desempacho de los ardores secretos, siempre en la sombra, amparadas en la noche.

En *La desheredada*, cuya protagonista es también prostituta, Pérez Galdós dice de la Rufete que ella «ya no creía en sí misma, o lo que es lo mismo, ya no creía en nada» (Pérez Galdós 2009: 480), y ella misma se niega cuando le dice a Miquis: «Yo me fui, ¿te enteras? Yo me he muerto. Aquella Isidora ya no existe más que en tu imaginación. Esta que ves, ya no conserva de aquélla ni siquiera el nombre» (490). Isidora deja de ser quien era, abandona su deseo de honradez y cambia de cordera a loba, arrojándose a las calles. La mancha, la deshonra física, aleja a la mujer de su propio cuerpo y de su identidad moral en la novela naturalista. Lejos queda la muerte redentora de Marguerite en la romántica *La dama de las camelias*, que el lector termina por reconocer como la imagen de la expiación de los pecados que la *cocotte* pudiera haber cometido en vida. En las historias de vida de las prostitutas protagonistas del naturalismo español se presenta siempre una causa, o una multitud de ellas, que culminan con la propia negación, y, por lo tanto, terminan con la posibilidad de redención y de reinserción social de las meretrices. En el caso de Isidora, la pérdida de sus aspiraciones aristocráticas y la pobreza la empujan a Gaitica, y el maltrato del que este la hace víctima, a la prostitución. En el caso de Estrella, la violación, la miseria y el hambre la llevan de la mano al burdel de Mari Pepa, y la sífilis, a la muerte alegórica y al deseo de venganza. Si la muerte de Marguerite es física, las de Isidora y Estrella son morales y suponen «la muerte social de la joven honrada» (Fernández 2008: 89). Es más, la desnaturalización de Estrella, y de las prostitutas en general, viene desde el principio anunciada por la necesidad de estas de adoptar un apodo para el ejercicio de su profesión. La configuración dual del personaje a través de dos nombres que responden a dos perfiles humanos diferentes simboliza, del mismo modo, la muerte de la mujer y el nacimiento de la ramera; la segunda identidad asumida por Estrella –la Pálida– acaba por devorar su naturaleza primigenia. Nacida la puta, muere la mujer.

En relación con lo anterior, Santiánez-Tió (1997) apunta la simbología que el cuerpo femenino tiene en la novela naturalista, e indica el placer que hallan las protagonistas en su propia contemplación. Como botón de muestra, el análisis que de sí misma hace Isidora Rufete en el capítulo 10 de *La desheredada*:

> Contemplóse en el gran espejo, embelesada por su hermosura [...]. Isidora encontraba mundo de poesía en aquella reproducción de sí misma. ¡Qué diría la sociedad si pudiera gozar de tal imagen! ¡Cómo la admirarían, y con qué entusiasmo habían de celebrarlo las lenguas de la fama! ¡Qué hombros, qué cuello, qué... todo! (Pérez Galdós 2009: 401).

Esa admiración de sí misma termina por volverse cinismo y desengaño, para adaptarse al mecanismo de organización de una sociedad enferma, y que hace de las mujeres caídas y de otros seres abatidos sus víctimas, deshechos de los ideales hipócritas de la sociedad burguesa, que se satisface a sí misma a costa de esclavizar sin cadenas a los seres más débiles y susceptibles de engaño. Precisamente esta admiración de la Rufete a su cuerpo hace aún más trágico verlo golpeado por Gaitica en los últimos capítulos de la novela, ya que las heridas físicas suponen el reflejo de la transformación de Isidora.

Estrella, la Pálida, «blanca, rubia, de buena estatura», de «nariz pequeña» y «orejas diminutas», de «boca fresca, pero seria», y «abundante pelo rubio», conforma un «conjunto de belleza sin igual, uniforme, tranquila pero misteriosa, siendo su misterio una irresistible atracción primero, y después, el amor no, pero sí el enloquecimiento» (198-199). Ese enloquecimiento que señala López Bago, cuya intención reformadora asoma hasta en los más pequeños detalles de la novela, es el justificante narrativo para la violación que de Estrella hace su padre, y para el deseo incontrolable que por su cuerpo sienten el Marqués y su hijo. Tanta pasión despierta la Pálida que, en los primeros días de su estancia en el prostíbulo, Mari Pepa le confiesa al Marqués «que ya están tres o cuatro enamoradas de ella. Pero lo que se dice enamorada como los hombres» (219). Ese apetito se ejemplifica de manera magistral, además, en la repulsiva subasta que el Chulo lleva a cabo en el burdel de Mari Pepa, para vender el estreno de Estrella como la Pálida, en el capítulo IX. Estrella desata sin quererlo el deseo masculino, y tras pactar el vil intercambio, se da paso a una:

> orgía inmunda, asquerosa, en la que el vino derramado por los manteles, las copas vaciadas de un trago y tiradas después contra la pared, las caricias y besos que se daban, muy sonoros para que todos volviesen la cabeza y fueran testigo del hecho; nada bastó (284).

La joven prostituta desencadena involuntariamente las pulsiones sexuales de los hombres, convirtiendo a los personajes masculinos en poco más que bestias dominadas por un deseo animal, que se dirige siempre al objeto ginecéntrico, marcando asimismo los límites de la voluntad racional del ser humano (*vid.* Fernández 2005: 69n). El ejercicio del libre albedrío se anota, por lo tanto, como un tema secundario de *La prostituta*, en tanto que el comportamiento humano viene motivado en esta novela no a través de la resolución propia de los personajes, sino a causa de un determinismo biológico o social: la necesidad y la carestía, así como el ambiente de crianza llevan a Estrella al ejercicio de la prostitución; o, en otro caso, puramente patológico, ya que se destaca el deseo sexual masculino como causa y consecuencia de la existencia del drama de la carne.

Por lo tanto, más allá de la simple denuncia de la problemática social y del desvelamiento de lo privado, en *La prostituta* late, además, el debate antiguo sobre la capacidad del ser humano de tomar decisiones por sí mismo, la preocupación filosófica sobre la libertad. La cuestión estriba en reflexionar sobre si el ser humano es realmente libre para actuar, o si las acciones que este acomete vienen provocadas por elementos externos, que moldean la razón y las capacidades volitivas, de manera que se desdibuja la facultad de toma de decisiones. La dependencia del hombre de la colectividad como rasgo intrínseco conlleva que, cuando la sociedad se devalúa, y a consecuencia de su estructura orgánica, el valor de los conceptos que a ella se asocian decrezca igualmente, lo que significa la corrupción de conceptos como amor, libertad o deseo. A causa de la patologización de este último, tanto el cliente como la prostituta pierden su voluntad, pero es ella la que termina por convertirse en la víctima, «el individuo con menos derechos de la sociedad"» (83). Así lo señaló ya Alejandro Dumas, en el capítulo XIV de *La dama de las camelias*. En un bello monólogo en el que expresa la soledad y el abandono del que las prostitutas se sienten presas, la joven amante refiere la imposibilidad de las meretrices de ser libres una vez que comienzan a dedicarse a la vida: «Nos está prohibido tener corazón so pena de vernos escarnecidas y de arruinar nuestro crédito. Ya no nos pertenecemos. Ya no somos seres, sino cosas» (Dumas 1999: 112).

El proceso de cosificación del cuerpo femenino y de la identidad de la mujer como individuo se identifica en *La prostituta* claramente durante el transcurso de la orgía que tiene lugar en el burdel de Mari Pepa. En ese momento el cuerpo de Estrella pasa a ser una simple mercancía, de forma que «se desposee de sus principales señas de identidad, el pudor y la virginidad» (Fernández 2005: 279n). De nuevo escoge López Bago muy precisamente las palabras cuando apunta, focalizando la narración en el pensamiento de los jóvenes que formaban el grupo orgiástico, que «Estrella era joven como ellos, pero mujer y prostituta» (272). Su condición de mujer ya la hace inferior en un primer momento, pero además el hecho de que se dedique a la prostitución la coloca en el último escalón de la sociedad, y la hace ser susceptible de «aquella broma grosera, repugnante y cruel» (273).

Además, el cuerpo femenino es, en *La prostituta,* el receptáculo del deterioro de la sociedad que se corporeiza en Estrella a través de la enfermedad física. El deseo de los varones del cuerpo femenino «se proyecta sobre la imagen de la mujer», que, al igual que en resto de aspectos de su existencia, se acomoda a semejanza del hombre; «cuando el espejo se quiebra, cuando la mácula destruye el reflejo socialmente aceptado, no queda más construcción posible que el cuerpo galvanizado por el deseo ajeno» (98). La enfermedad que contamina a Estrella es el castigo de los pecados del Marqués de Villaperdida, que termina infectando el cuerpo de la joven por la falta de control de este sobre sus pulsiones sexuales, de la misma manera que ocurrió con su joven esposa. La Pálida se constituye, una vez más, como víctima de las consecuencias de los actos ajenos, y su cuerpo como símbolo de un castigo impropio: «el diablo, el mismísimo diablo, lo había tocado ella, había olido su repugnante y fétido aliento» (302).

El contagio de la llamada «lepra sexual» –nombre que metaforiza de forma bastante clara el estigma que contraía quien se contagiaba– supone para Estrella el último paso del proceso de desequilibrio que la lleva a la prostitución, primero; y, luego, a la transfiguración que concluye con el deseo de venganza en los siguientes libros de la tetralogía. La sífilis actúa, de este modo, como un agente de transformación irreversible: ya no se trata únicamente de la caída moral que la conduce a la prostitución, sino del inicio de su proceso de transfiguración, en el que se convierte en un ser marcado por la enfermedad, la marginalidad y el rechazo social. El contagio simboliza la culminación de su descenso a los márgenes de la sociedad y su completa deshumanización, donde su cuerpo deja de pertenecerle, convirtiéndose en un vehículo de la enfermedad y la decadencia de aquellos que la rodean.

Por ello, el estigma social asociado a la sífilis no solo es un reflejo del miedo a la degeneración física, sino también una metáfora de la condena moral impuesta por la sociedad burguesa. Para Estrella, este contagio representa el último eslabón de una cadena de abusos y sometimientos, desde la violación que sufre a manos del Marqués de Villaperdida hasta su reducción al papel de objeto pasivo en la dinámica social y sexual de la época. Sin embargo, el contagio no la destruye completamente, sino que actúa como catalizador de su deseo de venganza, una respuesta feroz que emerge en los siguientes libros de la tetralogía, donde Estrella asume un papel más activo, buscando castigar a quienes la han condenado a este destino. La transfiguración de Estrella, de víctima a vengadora, es un proceso de metamorfosis que subraya cómo la enfermedad, lejos de anular su agencia, la impulsa a reaccionar contra el sistema que la ha reducido a su estado degradado. Su venganza no es solo personal, sino también simbólica: representa la rebelión del cuerpo femenino, marcado por la lepra sexual, contra las fuerzas patriarcales y económicas que lo han explotado. En este sentido, la «lepra sexual» no solo es un castigo infligido por la sociedad, sino también un motivo que la empuja a desafiar las estructuras que la han condenado.

En definitiva, la obra de Eduardo López Bago, ejemplificada aquí en *La prostituta*, ofrece un retrato brutal de la decadencia social y moral de finales del siglo XIX, utilizando la patología y el erotismo como ejes temáticos centrales. A través de la enfermedad venérea, en particular la sífilis, López Bago revela los estragos que las pulsiones sexuales descontroladas ejercen sobre el cuerpo y el espíritu humano, mostrando cómo la degeneración física refleja la corrupción de las estructuras sociales. La sífilis se convierte en una metáfora implacable de la mancha social, perpetuándose a través de las generaciones como un estigma tanto biológico como moral.

El «eros negro» o «erotismo enfermo» juega un papel clave en la narrativa lopezbaguiana. Este concepto de erotismo oscuro y salvaje encuentra su máxima expresión en la figura del Marqués de Villaperdida, cuyo deseo pervertido y violento lo lleva a violar y destruir a Estrella, la protagonista, convirtiéndola en la depositaria del deseo oscuro y malsano de la sociedad patriarcal. El Marqués personifica el arquetipo de la bestia humana, dominado por sus pulsiones más básicas, incapaz de controlar su lujuria ni de respetar los límites que impone la moral. El cuerpo de Estrella, joven y virginal, se convierte en el escenario donde se materializan las tensiones de este «eros negro», que deshumaniza tanto al agresor como a la víctima. La joven, contaminada por la sífilis, encarna el destino trágico de las mujeres atrapadas en este ciclo de explotación y enfermedad. Su cuerpo, inicialmente símbolo de pureza y juventud, es corrompido por el deseo salvaje que la rodea, hasta convertirse en el reflejo de una sociedad que devora a sus individuos más vulnerables. Como depositaria del apetito oscuro y enfermo del Marqués, Estrella es despojada de su individualidad, reducida a un mero objeto de placer y, finalmente, a un vehículo de la enfermedad que condena a las futuras generaciones.

En este sentido, la sífilis y el erotismo oscuro no son solo elementos narrativos en *La prostituta*, sino símbolos del fracaso de una sociedad que se desmorona bajo el peso de sus propias perversiones. A través de la degradación de Estrella y el Marqués, López Bago construye una crítica feroz del sistema patriarcal y de la doble moral burguesa que permite, e incluso fomenta, la explotación del cuerpo femenino. La obra es, por tanto, no solo un análisis de la patología sexual, sino una denuncia de la brutalidad de las relaciones sociales que, en última instancia, condenan tanto a hombres como a mujeres a una existencia marcada por el vicio, la enfermedad y la degradación. *La prostituta* de Eduardo López Bago representa una visión descarnada de la sociedad burguesa finisecular, donde la patología sexual y el erotismo enfermo actúan como símbolos de una corrupción generalizada. El «eros negro» pone de manifiesto las profundas fisuras morales de una sociedad que convierte el cuerpo femenino en el depósito de sus propios deseos inconfesables. La sífilis, más que una simple enfermedad, se erige en esta obra como una metáfora de la decadencia moral que corroe los cimientos de la civilización burguesa.

Bibliografía

Dumas, Alejandro (1999): *La dama de las camelias*. Barcelona: Edicomunicación.

Fernández, Pura (1995): *Eduardo López Bago y el naturalismo radical. La novela y el mercado literario en el siglo XIX*. Ámsterdam: Rodopi.

Fernández, Pura (1997): «*Scientia sexualis* y saber psiquiátrico en la novela naturalista decimonónica», *Asclepio: Revista de historia de la medicina y de la ciencia*, 49, 1, 227-244.

Fernández, Pura (2005): «Introducción» a López Bago, Eduardo (2005).

Fernández, Pura (2008): *Mujer pública y vida privada. Del arte eunuco a la novela lupanaria*. Woodbridge: Tamesis.

Foucault, M. (1976): *Historia de la sexualidad*. Madrid: Siglo XXI.

Gilman, Sander L. (1988): *Disease and Representation: Images of Illness from Madness to AIDS*. Ithaca: Cornell University Press.

Gimferrer, Pere (1999): «López Bago, en la mancebía», *Los raros*. Palma de Mallorca: Bitzoc.

Gutiérrez Carbajo, Francisco (1991): «Las teorías naturalistas de Alejandro Sawa y López Bago», *Epos: Revista de filología*, 7, 371-394.

Lissorges, Yvan (1988): «El "naturalismo radical": Eduardo López Bago (y Alejandro Sawa)», en Yvan Lissorges (ed.), *Realismo y naturalismo en España en la segunda mitad del siglo XIX*. Barcelona: Anthropos, 237-253.

López Bago, Eduardo (2005): *La prostituta*. Sevilla: Renacimiento.

Lozano Marco, Miguel Ángel (1983): «El Naturalismo radical: Eduardo López Bago. Un texto desconocido de Alejandro Sawa», *Anales de literatura española*, 2, 341-360.

Pattinson, Walter T. (1969): *El naturalismo español. Historia externa de un movimiento literario*. Madrid: Gredos.

Pérez Galdós, Benito (2009): *La desheredada*. Madrid: Cátedra.

Santiánez-Tió, Nil (1995): «En el umbral de las vanguardias: deseo y subversión en la novela naturalista española», *Bulletin Hispanique*, 97, 2, 583-604.

Thion Soriano-Mollá, Dolores (2000): «La gente nueva de fin de siglo», *Actas del XIII Congreso de la Asociación Internacional de Hispanistas*, 2, 425-433.

Tsuchiya, Akiko (2001): «Taming the Deviant Body: Representations of the Prostitute in Nineteenth Century Spain», *Anales Galdosianos*, 36, 255-268.

Vázquez García, Francisco (1996): «Historia de la sexualidad en España: problemas metodológicos y estado de la cuestión», *Hispania*, LVI/3, 194, 1007-1035.

Zola, Émile (1988): *Naná*. Madrid: Cátedra.

APUNTES SOBRE LA EXPRESIÓN ERÓTICA EN LA POESÍA DE BLAS DE OTERO

Ezequiel Moreno Escamilla
Universidad de Sevilla

En *Historia (casi) de mi vida* (1969), autobiografía del poeta Blas de Otero (1916-1979) inédita hasta la aparición de su *Obra completa* en 2013, el autor vasco reconocía que «mi terquedad es indomable, dirigida siempre hacia los cuatro puntos cardinales de toda mi vida: el arte, la mujer, la justicia y pasear por la calle» (Otero 2013: 963)[1]. Y si bien es cierto que, por la noticia que tenemos de su vida, esta declaración se comprueba sin ambages –así su dedicación a la poesía, su itinerario amoroso, su compromiso con la causa social y su día a día cotidiano parecen confirmarlo–, no resulta tan claro si observamos sus versos, en los que una cierta reserva a la confesión, como así

---

[1] Nos valdremos de esta edición de su obra para todas las citas del autor, de manera que, a partir de este momento, después de los ejemplos aducidos solo especificaremos el número de la página correspondiente entre paréntesis.

se mostraba en el terreno personal, hacen que sospechemos de la literalidad de lo escrito.

Con todo, parece indudable que existe una clara correlación entre la peripecia vital del poeta y la temática que van recogiendo sus libros, y que podemos hablar de una lírica «marcadamente autobiográfica» o donde se «hermanaría biografía y poemas», como han puesto de manifiesto algunos críticos (Sahagún 1987: 13; Montetes-Mairal 2019: 275). Siendo esto así, por otra parte, no podemos dejar de notar que en toda obra se da cierta elaboración literaria, y que ya desde ese mismo título, *Historia (casi) de mi vida*, al que se sumaría el de *Historias fingidas y verdaderas* (1970), se advierte un claro matiz paródico, una duda con respecto a la capacidad de decir toda la verdad, de atrapar la realidad en la palabra –imposible objetivo, por otra parte, al que tenderá la poesía del autor–[2], de lo que quedará constancia, por ejemplo, cuando hablando de su infancia reconozca que la institutriz que inmortalizó en su poema «*Mademoiselle* Isabel» no era rubia, «como miente el famoso endecasílabo» (957).

Si llevamos a cabo esta reflexión es para subrayar que la expresión lírica adolece de unas características particulares que la convierten en un lenguaje especial, en esa «instancia superior» de la que hablaba Alarcos para el caso de nuestro poeta (Alarcos 1986: 47), y que hace que sea más fácil relacionarla con los ideales y la poética del autor que con su propia experiencia vital; pues, al fin y al cabo, la realidad diaria siempre será lo más importante. Y de ahí que, de cara a aproximarnos, siquiera brevemente, al tema de la expresión erótica en el poeta, nos cueste comprobar que «la mujer» sea, ciertamente, «uno de los puntos cardinales», cosa que no sucede si nos centramos en «la justicia». Blas de Otero ha sido ante todo, para la crítica y para otros poetas, el

---

[2] Recuérdense, a este respecto, las palabras que cifra en «Años, libros, vida», del libro *Historias fingidas y verdaderas* (1970): «Todo son libros, y yo quiero averiguar cómo se salva la distancia entre la vida y los libros. No me digan que estos son la expresión más certera de la vida, porque temo echarme a reír. A la vida no hay dios que la agarre por el cuello» (622).

autor de *Pido la paz y la palabra* (1955), poemario que marcaría un «vendaval rebelde» (Pedraza Jiménez y Rodríguez Cáceres 2002 [1997]: 370) en los escritores de la época, que ahora se dirigirán «a la inmensa mayoría» en contraposición a la «inmensa minoría» juanramoniana. En efecto, superadas las cuitas existenciales de sus dos primeros libros de madurez, *Ángel fieramente humano* (1950) y *Redoble de conciencia* (1951), la palabra poética del vasco variará de temas, tonos y formas para ser instrumento del cambio político en la España de la dictadura franquista; y es este cariz popular y práctico –que, con alguna modificación, se mantendrá vigente hasta el final de su obra– el que le valdrá el título de «poeta social» o, como él prefería, «histórico» (G. Rico 2013 [1970]: 1145).

Pero, si bien en este caso coinciden anhelos personales y designios poéticos, la correspondencia no resulta tan meridiana en lo tocante a la mujer y a las relaciones amorosas, ya que, como nos dice Carlos Sahagún en el prólogo de la antología que prepara del poeta, *Poemas de amor* (1987), «tampoco la poesía de Blas de Otero, considerada en su totalidad, puede definirse como fundamentalmente amorosa, si bien el tema erótico surge constantemente a lo largo de su obra, entreverado a veces con otras preocupaciones casi siempre más acuciantes» (Sahagún 1986: 8). Y es que, a diferencia de otros grandes autores coetáneos, el tema del amor no identifica al poeta, que pondrá su mirada en un primer momento en Dios y, posteriormente, en esa «inmensa mayoría». Pero ¿es el canto a la mujer el único lugar donde puede residir el erotismo? Ciertamente, si por 'erotismo' entendemos «lo que excita el placer sexual» (DRAE, 23ª ed.), Blas de Otero nos dejará algunos textos que abordan la cuestión. Sin embargo, esta sería muy pobre en tanto su número se diluiría entre multitud de composiciones de temática más general o, en puridad, distinta. Solo en el momento en el que comenzamos a ver también el erotismo como «cuanto puede perfeccionar el acto amoroso y despertar los sentidos» (Rodríguez González 2011: 393) es que podemos advertir una corriente erótica en su obra que, ya desde sus primeras manifestaciones líricas y hasta las últimas, estará presente.

No obstante, como nos explica Octavio Paz, si el erotismo no es la mera sexualidad –no se mezcla con el instinto de reproducción–, tampoco se identifica totalmente con el amor, aunque sus fronteras son difíciles de distinguir: «el amor es una atracción hacia una persona única: a un cuerpo y a un alma. El amor es elección: el erotismo, aceptación. Sin erotismo –sin forma visible que entra por los sentidos– no hay amor pero el amor traspasa el cuerpo deseado y busca el alma en el cuerpo y, en el alma, al cuerpo» (Paz 1993: 33). Entonces sí podemos catalogar como *eróticos* y *amorosos* muchos poemas del autor que tratan del sentimiento divino, al modo místico, y algunos textos que abordan la temática social, pues, como nos dice por ejemplo Sabina de la Cruz, «pocas veces la crítica a una difícil situación política se ha realizado con una poesía tan lírica: poemas de amor son estos» (De la Cruz 2013: 70), y aun el mismo autor: «lo que interesa, repito, es la circunstancia interna del hombre-poeta. Tanto es así que si un poeta escribe un poema, digamos en defensa del pueblo vietnamita, porque esta tragedia la siente vivamente, se trata sencillamente de un poema de amor» (Núñez 2013 [1968]: 1131). Gracias a esta categoría abarcadora del concepto, podemos detenernos a examinar algunos casos que, si bien hacen que todavía dudemos a la hora de catalogar sus poemas de amor como textos donde «ha alcanzado Occidente una considerable altura y complejidad eróticas» (Morales 2005: 16), sí nos hablan de una poesía donde la expresión erótica termina adquiriendo un realce clave, aunque sea a tenor de otros intereses temáticos.

Por todo, para estas páginas hemos preferido la denominación de «expresión erótica» y no de «erotismo», pues aunque se hallen próximas en su significado el sustantivo podría hacernos olvidar que, en el fondo y en nuestra opinión, se trata de una querencia que sirve a otras inquietudes, como tendremos oportunidad de ver, y no una vertiente asentada. De esta manera, obedeciendo a la que pretende ser solo una aproximación indicativa –desde este punto de vista, el análisis del número de textos con referencias eróticas necesitaría de un espacio con el que no contamos–, realizaremos un rápido recorrido por la presencia de esta temática a lo largo de toda su obra para luego después detenernos en el comentario de algunos textos representativos. Asimismo, intentaremos dilucidar algunas de las características de esta expresión y terminaremos, ya en las conclusiones, apuntando posibles claves interpretativas de la misma en relación con la poética del autor.

1. Breve recorrido por la expresión erótica en la poesía de Blas de Otero

Aunque, como expone Montetes-Mairal, la primera producción poética del vasco, *Cántico espiritual* (1942), haya quedado algo relegada en los estudios de la crítica, «trazará el horizonte de expectativas a partir del cual se sentarán las bases poéticas, amorosas y existenciales de su proyección literaria y vital posterior» (Montetes-Mairal 2019: 278). En efecto, este libro de juventud, escrito al calor del poemario homónimo de san Juan, nos presenta una voz poética que anhela al modo místico la unión con Dios, dejándonos así entrever un vuelo del alma que, anclado en el oxímoron, nos relata las diversas fases que la llevan al encuentro con la divinidad. Es una poesía que arde en amor de verla y que, usando las estrategias retóricas de este tipo de poemas, quiere describir lo inefable. Sin embargo, la contrariedad personal que le supone al poeta el abandono momentáneo de su vocación artística por los compromisos y expectativas familiares, lo cual tiene lugar entre 1943 y 1944, hace que se replantee un cambio de rumbo en su poética (Montetes-Mairal 2019: 287-288).

Así las cosas, coincidiendo con una Europa que sufría las consecuencias de la Segunda Guerra Mundial y que, por tanto, conocía la barbarie y el absurdo de la existencia humana, cierto pesimismo y desconfianza con respecto al progreso y al destino del hombre se apoderó de toda una generación. En ese sentido, «el hombre se encuentra con una existencia que le ha sido impuesta. Su esencia consiste en andar un camino (el del existir) que es posibilidad y proyecto. Pero que, al tiempo que se realiza, avanza inexorablemente hacia el no ser» (Pedraza Jiménez y Rodríguez Cáceres 2002 [1997]: 341). Estas palabras ilustran bien el sentir de la corriente existencialista de Jean Paul Sartre, que retoma las ideas de Heidegger, y que conduce al cuestionamiento de la propia divinidad –o, al menos, de su talante– y, sobre todo, introduce la cuestión de la muerte como final categórico de la vida humana. Y en ese contexto aparecen las dos obras de Blas de Otero ya referidas, *Ángel fieramente humano* y *Redoble de conciencia*, que encarnan, quizás como ninguna otra de la época, esta cosmovisión «desarraigada», si acudimos a la terminología de Dámaso Alonso (Alonso 1965 [1952]: 349).

Atendiendo a la expresión erótica, estos, a su modo, siguen siendo poemas amorosos, aunque en este caso ejemplificarán el «amor hereos» (Montetes-Mairal 2019: 290), es decir, la enfermedad de amor. Y es que el buen Dios al que se dirigían las composiciones del primer libro ha dado paso aquí a un Yahvé veterotestamentario que está ausente y no hace caso de las súplicas y gritos de la voz lírica; y esta, a pesar de que ansía la comunión, muestra ya síntomas del desafecto y la rabia, así el silencio divino redunda en la idea de una existencia sin fundamento. De ahí aquellos lugares en los que se buscará la trascendencia del espíritu a través de la unión carnal y el acto erótico. No obstante, este camino había de acabar en breve, necesariamente, al encontrar en la solidaridad de los hombres una solución al problema del ser-para-la-muerte heideggeriano: ahora la voz del pueblo, de la inmensa mayoría, será lo que atraiga al poeta, como queda constancia en sus poemarios sociales, *Pido la paz y la palabra*, ya citado, *En castellano* (1959), *Que trata de España* (1964) y *Poesía e Historia* (1960-1968; inédito hasta 2013).

En ellos, el número de poemas que podemos adscribir a una corriente erótica o amorosa desciende considerablemente y, más allá de la acendrada emoción con la que se escriben algunos de los textos sociales, como por ejemplo los que recuerdan a España desde el extranjero –«en versos de apasionado amor», según Sabina de la Cruz (2013: 70)–, la presencia erótica se concretará, no ya en Dios, sino en «la compañera con la que se comparten unos mismos anhelos de acercamiento a la realidad social, una misma rebeldía ante las injusticias», como nos indica Sahagún (Sahagún 1986: 12). Son escenas que recuerdan encuentros amorosos y diversas pasiones. La grandilocuencia de una unión que se quería total ha dejado paso ahora a la memoria de un anecdotario erótico que, disperso también por *Ancia* (1958) –supuesta antología que, en esos 43 poemas añadidos a los del *Ángel* y el *Redoble*, junto a la nueva ordenación de los textos, supone en realidad un libro diferente–, arroja una visión directa del comercio carnal, que la pasión y el compromiso ligan por un mismo signo, y que a grandes rasgos se presenta de forma llana –como el tono que impera en su obra por esta época–, con descensos a la lírica tradicional y hasta con ciertas innovaciones irracionales. Serán poemas donde la mujer, a veces identificada claramente por su nombre, hace aparición como elemento que enriquece la experiencia vital del yo poético.

Poco a poco, a tenor de los viajes de Blas de Otero por los países socialistas en los años sesenta, y muy en especial con la relectura de Rimbaud que tiene lugar durante su estancia en Cuba, la poética oteriana emprenderá un nuevo rumbo que, aunando la vertiente social y el individualismo de su primera etapa, así como las técnicas experimentales de raigambre surrealista, muestra una escritura frenética de la realidad que rodea al autor. De alguna manera, este impulso coincide con el de la mayoría de los creadores del momento, pues «en los años setenta comienza un periodo de constante experimentación en que se buscan horizontes más amplios y se produce una ruptura definitiva con la tendencia social, partiendo del principio de la total autonomía del arte y del valor absoluto de la poesía por sí misma» (Pedraza Jiménez y Rodríguez Cáceres 2002 [1997]: 372). Fruto de este empeño, del que metapoéticamente seremos testigos en su obra en prosa ya mencionada, *Historias fingidas y verdaderas*, y en su continuación, *Nuevas historia fingidas y verdaderas* (1971; inédito hasta 2013), se irán confeccionando los textos que conforman las páginas de su último poemario: *Hojas de Madrid con La galerna* (inédito en su mayoría hasta 2010). En esta etapa final del autor, en consonancia con una sociedad que de forma vertiginosa adquiría tintes globales y consumistas, su poesía se ve interpelada por la confusión, la mezcla, la síntesis: pues habiendo llegado a la madurez, el poeta ansía la serenidad, pero el recuerdo incesante de determinados episodios de su existencia jalona una serie extraña, miscelánea, distinta de poemas. En el terreno de lo erótico, asistiremos por un lado a la evocación de escenas amorosas de diferentes momentos de la vida del autor y, por otro, al apunte de la vida íntima y diaria junto a Sabina de la Cruz, última y definitiva relación sentimental del poeta.

2. Apuntes sobre la expresión erótica en algunos textos del autor

Veamos a continuación con algo más de detalle cómo se concretan en varios textos las características generales enunciadas arriba. Escogeremos solo algunos ejemplos representativos de las diversas modalidades que la expresión erótica adopta en el autor, y lo haremos de forma cronológica, de acuerdo con su evolución poética, al objeto de tener, quizás, una perspectiva más certera.

En el conocido poema introductorio de *Cántico espiritual*, observamos bien el anhelo del hombre por alzarse hasta Dios, ya desde la primera estrofa:

> Todo el amor divino, con el amor humano,
> me tiembla en el costado, seguro como flecha.
> La flecha vino pura, dulcísima y derecha:
> el blanco estaba abierto, redondo y muy cercano. (CE) (97).[3]

Tenemos una voz poética que, al modo de los místicos –aquí san Juan se sitúa como la referencia inmediata–, siente el «golpe de Dios» –que nos recuerda a la transverberación de santa Teresa (Kruse 2018: 466)–, que imprime esa ansia desmedida de unión con el Creador. Al sentir la llamada, el ser humano se entrega entonces por completo

---

[3] Entre paréntesis y en cursiva, véase la abreviatura del conjunto donde aparece recogido el poema. Así, *CE* (*Cántico espiritual*); *AFH* (*Ángel fieramente humano*); *QTE* (*Que trata de España*); *HMLG* (*Hojas de Madrid con La galerna*).

–«Aquí tenéis [...] mi suelo»– para que en él, metafóricamente, germine una raíz que llegue a lo alto. No obstante, esta pasión espiritual, que se expresa en una lírica rica en imágenes poéticas de la naturaleza –«la vid», «la espiga», «el árbol»–, «nos duele y es dulce» –adviértase el predominio del oxímoron–, así la inquietud, la zozobra del alma por la «noche oscura» (Kruse 2018: 464), determinará varios textos del conjunto y de este avance por las tres vías –purgativa, iluminativa y unitiva– del proceso místico.

En este sentido, el sentimiento religioso guarda grandes concomitancias con la expresión amorosa y poética tradicional, como se ha notado frecuentemente, empezando por el propio Otero, quien declara en una temprana entrevista que: «existe una relación muy íntima entre la poesía y la mística» (Comín 2013 [1956]: 1106). Y ni que decir tiene que, en efecto, los grandes textos místicos se han leído en clave erótica, aunque no respondan exclusivamente a este designio, y viceversa. Como subraya Paz, «muchos textos religiosos, entre ellos algunos grandes poemas, no vacilan en comparar al placer sexual con el deleite extático del místico y con la beatitud de la unión con la divinidad» y, «por su parte, los poetas eróticos también se sirven de términos religiosos para expresar sus transportes» (Paz 1996: 22; 110), todo lo cual redunda en la similitud que subyace al intento de comunicar una experiencia –la unión con el ser amado, sea Dios, sea una persona– que excede, *a priori*, la capacidad expresiva de la palabra[4], pero que refleja idéntico sentir. Como diría Ortega y Gasset, «el proceso místico es como mecanismo psicológico análogo al enamoramiento» (Ortega y Gasset 2006 [1939]: 106).

Por eso, al igual que «san Juan de la Cruz halla en los símbolos de la experiencia vital del acto erótico la más cercana traducción, a pesar de su inefabilidad, del gozo de la unión con Dios» (Sancho Mas 2022: 120),

---

[4] A este respecto, Hernández Villalba matiza que no es exactamente que la experiencia mística no sea comunicable, sino que es de un cariz irracional que ha de buscar en mecanismos simbólicos su expresión, alejándose así del discurso directo y adentrándose en el desvío (Hernández Villalba 2011: 16-17).

Blas de Otero escribirá unos poemas de sabor clásico –en este caso un soneto alejandrino, pero sobre todo liras– que manifiestan ese deseo de un amor total y de una existencia eterna: siendo la divinidad, desde esta cosmovisión aún cristiana, la fuente primigenia de todo, el yo lírico suspira por retornar a su origen e inicia su particular viacrucis amoroso para ascender a la «altura». Así, en palabras de Bataille, «la experiencia mística, en la medida en que disponemos de fuerzas para operar una ruptura de nuestra discontinuidad, introduce en nosotros el sentimiento de la continuidad» (Bataille 2002 [1957]: 28). Pero eso sí: tal y como distingue enseguida este crítico, más allá de la analogía entre la experiencia mística y la erótica, esta última «prescinde de los medios que no dependen de la voluntad. La experiencia erótica, vinculada con lo real, es una espera de lo aleatorio: es la espera de un ser dado y de unas circunstancias favorables. El erotismo sagrado, tal como se da en la experiencia mística, sólo requiere que nada desplace al sujeto» (Bataille 2002 [1957]: 28). En otras palabras, no podemos olvidar que la voz poética que ahonda en la búsqueda mística es, de alguna manera, estática.

Otro conocido ejemplo donde el deseo erótico quiere también conducirnos a la trascendencia del ser, aunque a través de otro cauce, es «Cuerpo de la mujer, río de oro», soneto incluido en la primera sección de *Ángel fieramente humano*, «Desamor» (AFH) (137). Este soneto se concibe una vez Otero ha ratificado su vocación lírica –tras la mencionada crisis que tiene lugar a mediados de los años cuarenta–, y bajo las nuevas circunstancias históricas que ha de vivir: a la posguerra española se le suma el conflicto bélico europeo. Hemos comentado cómo, a tenor de estos condicionantes, la noción de individuo entra en crisis en tanto el sentido mismo de su existencia se pone en duda. Como chispa que aún brilla en mitad de una concepción religiosa que tiende a desmoronarse, el poeta quiere hallar todavía la forma de trascender mediante la unión erótica real, mediante el amor humano. Esta concepción del encuentro amoroso entre dos personas como forma de acceso a la divinidad no era nueva, ya que, como subraya Paz, «cada una de las grandes religiones históricas ha engendrado [...] sectas, movimientos, ritos y liturgias en las que la carne y el sexo son caminos hacia la divinidad» (Paz 1996: 20). Y, como referentes más cercanos a nuestro poeta, destacan Darío y Juan Ramón, en cuyas obras se advierte, en efecto, cómo se hace del goce amatorio una vía de acceso a la divinidad (Ortiz Aguirre 2015; Nair Roldán 2019). Ya el propio Sartre, al exponer la teoría de la «cristalización» de Stendhal, nos habla del amor como «un modo de ser en el mundo» en el que «la mujer representa sólo un cuerpo conductor que está colocado en el circuito» (Sartre 1958 [1943]: 195). Desde esta perspectiva, la distancia que supuestamente media entre el sentimiento de amor dirigido a Dios o a una mujer concreta queda relativizada: «no se trata aquí de encontrar un abstracto detrás de lo concreto: el impulso hacia Dios no es *menos concreto* que el impulso hacia tal mujer particular» (Sartre 1958 [1943]: 195).

De esta manera, Blas de Otero no duda en presentar el cuerpo de la mujer como epítome de la esencia de todas las cosas, y en el primer cuarteto del poema observamos claramente cómo se asocia al «río» y a la «luz», en una mezcla confusa que, más allá de la expresividad de las imágenes, subraya la ligazón entre lo material y lo espiritual. Es ahí donde cobra sentido la sinécdoque reductora que lleva a cabo al poeta: pues la mujer, bajo esta óptica, es su cuerpo, es decir, es –para el yo lírico– su función amatoria: el segundo cuarteto resume genialmente cómo la experiencia amorosa, tal una travesía por ese «río» o «mar» «de oro», supone una metamorfosis –o fusión–: el cuerpo es también transporte; el transporte, quizás, el propio cuerpo; confundidos todos los límites, el yo lírico ya no sabe si esos remos, que son los brazos, pueden llegar a ser «alas de oro» y alzar el vuelo. Como apunta Sabina de la Cruz hablando del mar, «la dinamicidad, hundimiento, flujo y reflujo de sus aguas es el correlato metafísico del cuerpo deseado, que posee como él los rasgos de profundidad, abismo, impetuosidad, humedad, absorción y anegamiento» (De la Cruz 2021: 8). Pero llega el fracaso. En los dos últimos tercetos asistimos a la sensación negativa, solo que en esta ocasión ya no tenemos la paradoja y el oxímoron de un sentimiento que resulta agradable y a la vez doloroso, sino que, tras la «luz» y «el tacto», el hombre no logra la ansiada comunión, pues, como Tántalo, aquella búsqueda cegadora y cabalgante no ha traído más que soledad, de suerte que la mujer y su cuerpo, de río y mar de oro que era, ahora se ha transformado en una «fuente de llanto», ya que existe un «límite de la carne y del yo entre tú y yo. Y de repente, sólo en el momento en que procedo a disolver ese límite, advierto que nunca puedo» (Carson 2015 [1998]: 49). De esta manera, la ingenua paronomasia –«Dios» / «dos»– se vuelve terrible, dado que con suma facilidad la querencia divina, que anhela ser uno, al no realizarse, conlleva la creación de la soledad: uno está solo cuando define sus contornos gracias a la unidad del otro.

En cualquier caso, como dice con acierto Montetes-Mairal, la mujer en este poemario, y concretamente en la sección aludida, «es apenas un halo, un eco trascendido de Dios» (Montetes-Mairal 2019: 292). Sin embargo, que de ahora en adelante cobre presencia real en los versos del poeta y, como veremos, su inclusión deje de representar la búsqueda divina, no obsta para que en *Cántico espiritual* y en *Ángel fieramente humano* sea posible advertir una poesía de claros ribetes místicos, a pesar de la opinión de Sahagún (Sahagún 1986: 10). Habiendo contemplado, pues, cómo la unión con la divinidad no se ha producido, el autor se dirigirá entonces a ella, que parece estar ausente, como en «Tú, que hieres» (AFH) (165-166).

A primera vista, como ocurrirá en otros textos del mismo cariz, entramos con este nuevo soneto en el dominio del adverbio. Asistimos a una acción, la búsqueda divina, que se torna desesperada –«arrebatadamente»–; que conforma un monólogo de la voz poética que nos da cuenta de la impasibilidad de Dios, que frente a los esfuerzos denostados por llamar su atención no responde ni parece inmutarse. En efecto, como viera Montetes-Mairal, esta actitud se corresponderá con la del «*amor hereos*», y el poeta expresa su obstinación por ver al amado a toda costa, «cegado por la pasión que le domina» (Montetes-Mairal 2019: 290).

Solo existe la ansiedad y la agonía, pues el yo poético, sabiéndose un ser-para-la-muerte, habiendo abandonado ya la juvenil ilusión religiosa, arraigada, y aun el amor de los hombres como vía para el éxtasis divino, sufre no solo ya la náusea, por usar el término sartreano, que va ligada a una existencia absurda, sino el horror de saberse mortal –«mi soledad mortal»; «como un muerto furioso»; «conmigo has de morir»; «y sigo, muerto, en pie»–. Así, la voz lírica muestra su enfado, su dolor, su agonía, pero no nos engañemos: son estos unos versos de amor, de alguien que «sigue *profundamente* enamorado» (Montetes-Mairal 2019: 288). Lo balbuciente de la sintaxis telegráfica, del monólogo que, pareciera, espera una sola palabra de la divinidad para convertirse en diálogo, la duda paródica que se inserta con los paréntesis en el segundo cuarteto, todo, a la postre, no es sino reflejo de ese «pero te amo / a besos de ansiedad y de agonía»; de una voz poética que, en el fondo, suspira no ya por la unión mística, sino por la certeza de la existencia de Dios, esto es, la certeza de la continuidad del ser, de poder perdurar: «de cuando / arrebatadamente esté contigo».

Al fin y al cabo, como apunta Bataille, la esencia del erotismo se halla en «la aprobación de la vida hasta en la muerte» y «lo más violento para nosotros es la muerte; la cual, precisamente, nos arranca de la obstinación que tenemos por ver durar el ser discontinuo que somos» (Bataille 2002 [1957]: 15; 21). De ahí ese anhelo por conseguir, frente a la tragedia definitiva, el único consuelo posible: un último grito, de amor y odio, a Dios. Es muy de notar que en las expresiones «muerto furioso» o «y sigo, muerto, en pie» se da una confusión de los límites: la paradoja de un cadáver que aún vive manifiesta a las claras cómo no se acepta el sino mortal del hombre. Esta condena a la desaparición, este saberse destinado heideggerianamente para la muerte –lo que nos define por un momento– hace que clamemos contra ella, que nos revolvamos ante lo que no podemos concebir, de suerte que se produzca la paradoja: que hallándonos furiosos y de pie, nuestro yo ya se encuentre, de alguna manera, muerto; que ya sea muerte en sí mismo. Así pues, al mezclarse los límites, la voz poética tiene la ilusión, por un instante, de que puede pervivir. Y es que, de nuevo con Bataille, «de ese ser que muere en nosotros, no aceptamos sus límites. Esos límites queremos franquearlos a cualquier precio; pero al mismo tiempo habríamos querido excederlos y mantenerlos» (Bataille 2002 [1957]: 147).

De modo que se resaltará de la figura divina su carácter perdurable e impasible: «Tú, que vives. Tú, que hieres», con ese claro recuerdo del rito de la comunión en el ordinario de la misa, salvo porque en vez de «reinar» aquí tendremos «herir»: quien únicamente puede salvarnos de la muerte –pues Él sí vive– nos muestra su desprecio, que en tantos otros poemas de los primeros libros se codifica expresivamente y que da pie, a su vez, para que la voz poética caiga en la imprecación. En este sentido, nos resulta muy certera otra vez la visión de Montetes-Mairal en tanto sitúa la causa del silencio de la divinidad no en ella misma, sino en el propio poeta: siendo el vaciarse de todo la vía de comunión mística, el dolor que embarga cada vez con mayor fuerza a la voz poética obstaculiza cualquier tipo de comunicación, pues satura los «elementos propios del mundo de los sentidos» (Montetes-Mairal 2019: 291). Sin embargo, observemos ahora otro ejemplo donde la expresión erótica adopta un contorno totalmente diferente, «Pero los ramos son alegres» (QTE) (454-455).

Ha transcurrido el tiempo. El poeta ya hace años que «bajó a la calle» («A la inmensa mayoría», 227) y vio «el cielo luminosamente rojo» («Aceñas», 234), revelación que, abandonada la esperanza divina, le supuso abrazar al compañero para luchar por un mañana en paz. Su lírica, pues, ha cambiado, y la realidad diaria, expresada ahora en un lenguaje sencillo, embarga paulatinamente toda su producción. A este respecto, son las tierras de España el paisaje que, una y otra vez, aparece en su poesía, aun estando en el extranjero, y esto, como ya comentaran el propio poeta y Sabina de la Cruz, supone una forma de amor: son temas que se sienten vivamente por la voz poética, que se ha comprometido por causa de la lucha social y política. Este poema no tiene por objeto ese recuerdo ni ese anhelo fraternal, pero, como inmerso en una obra que, ya en su desarrollo *histórico*, abraza todo lo que rodea la circunstancia del yo lírico, pone de manifiesto que la vida en común, así como las escenas que tienen lugar en ella, pasan a ocupar un primer plano.

De esta manera, nos hallamos ante un texto donde se recrea un encuentro erótico, aunque en esta ocasión ya no vemos la temática amorosa al modo místico o existencialista, ni tampoco, como podría pensarse, la mujer que aparecía en un poema previo, de cuya unión solo nacía la soledad; cuyo cuerpo, trasunto de la belleza, solo era la antesala de un fracaso, de constatar lo imposible de una trascendencia total. Aquí es diferente. Ya en otros poemas de este periodo se advierte cómo el canto a la voluptuosidad del cuerpo femenino –piénsese, por ejemplo, en el poema «Mira» y, en general, en la aparición continuada de los senos– o el recuerdo de amores que tuvieron presencia en la vida del poeta –como es el caso de «Jarroncito de porcelana» o Tachia–, va cobrando fuerza en su poesía, sobre todo a partir de *Ancia*. En palabras de Lanz, «de esta manera, estos textos [...] tejen una red de relaciones especiales que dan a los poemas amorosos en *Ancia* una dimensión más erótica e inmanente y menos preocupada de la trascendencia hacia Dios» (Lanz 2008: 275). Y es que el amor será ahora experimentado con deleite, y el encuentro erótico constituirá la expresión más genuina del triunfo de la existencia.

En este caso, pues, se nos describe una escena íntima en mitad de la naturaleza, y el poeta se vale del paratexto de Lorca, la «Casida de los ramos», así como del romancero, para evocar la unión de los amantes. Es un poema que nos habla de un amor y un encuentro reales, y que tiene lugar al lado de un río –a «orillas del Guadalquivir»–, ámbito que convida al acto amoroso. Todos estos elementos nos remiten a lo más granado de la lírica tradicional, en la que mediante el lenguaje simbólico de la naturaleza –aunque haya concreciones en este caso, como «tus pechos» o «tus muslos»– se evoca el universo erótico: ahí destaca el equívoco y reiterado «trébole» de la mujer, que organiza el texto. En ese sentido, es importante recordar la «sana elegancia con que la nota erótica funciona en ese inestimable tesoro de cantarcillos tradicionales» que se dan en nuestra literatura (López-Baralt y Márquez Villanueva 1985: 10). No obstante, este desenfado en la expresión erótica no es óbice para que el ejemplo se adentre un poco en el plano psicológico de la amada. Así, sabremos cómo el transcurso de los años ha traído un horizonte de pesares que provoca su tristeza, que el yo poético se afana en consolar en varias ocasiones, todo en un contexto de confesión y cercanía íntimas como corresponde al encuentro sexual, explícito ya al término del poema: «cómo tiemblan / tus muslos en la yerba». Tenemos, pues, una celebración de la experiencia amorosa, y concretamente erótica, que será verosímil: pues ahora se trata, como vemos, del amor humano y carnal, que en sí mismo y sin necesidad de mayor trascendencia otorga a la voz lírica toda la emoción y el entusiasmo.

Pero vayamos ahora a otro ejemplo en el que el poeta proyecta una visión del erotismo ligeramente distinta a la anterior, «Vestida de osadía» (HMLG) (758-759). Este poema, perteneciente a la última etapa poética de Otero, representa bien esa tentativa de liberación de su escritura que tiene lugar sobre todo a partir del periodo cubano (1964-1968). Nos encontramos así ante un texto en el que, ensayando el versículo y varios recursos de tipo experimental, la voz poética realiza una reflexión que se acompasa necesariamente con el avance de los años. En este sentido, y a diferencia de otros ejemplos donde se detallan el desarrollo de la vida del poeta y algunos hechos específicos, el texto se dirige a un «tú» –que remite probablemente a Yolanda Pina, el amor de su estancia en Cuba– que orquesta la temática del conjunto; es, por tanto, un poema que alude a la cuestión amorosa. Sin embargo, el tratamiento que de ella hace el autor difiere con respecto a los casos previos comentados, pues ahora la voz poética, vuelta a sí misma –y esto será habitual en toda su producción última–, explora el erotismo por cuanto el ser amado colma su existencia, en este caso su deseo de seguir celebrando la vida –o, en otras palabras, sintiéndose revivida por su juventud–. No es que antes la experiencia amorosa no cumpliera una función de este cariz –de hecho, ya hemos visto cómo en ella se han llegado a cifrar los anhelos de trascendencia divina–, pero ahora se destaca el valor de lo erótico en tanto cubre las carencias personales de la voz poética. Desde esta perspectiva, podríamos pensar, con Alberoni, que «el objeto del deseo erótico masculino es, en cambio, un medio, como el alimento, como el agua, como el lecho para quien quiere dormir. Todo aquello que sirve para satisfacer una necesidad es un medio. En el erotismo masculino, hasta la reciprocidad es egoísta» (Alberoni 1986: 55).

Así, frente al reconocimiento sorpresivo del paso de los años, que se han ido «como quien pierde las llaves», y acudiendo a la intertextualidad metapoética con su propia obra –«me queda la palabra…»–, se pone el acento en ese «tú» que conforma todo lo que embelesa al poeta y que se liga en este caso al cuerpo bello, esbelto y decidido de la amada y, sobre todo, a su juventud, verdadera matriz de todo el canto. Y es que, en contraposición a la madurez de la voz poética, a la que todavía le queda la palabra, se alza victoriosa y deslumbrante la juventud persistente –y obsérvese cómo se insiste en el paralelismo en el texto–, que conduce a la interlocutora a encarnar el disfrute de la vida en todas sus dimensiones. De esta manera, es notable que el sujeto poético femenino no solo se ensalza en una dimensión personal –«jugando a las cuatro esquinas con la muerte / tu juventud con un girasol en medio del vientre, / tu juventud repitiendo cada día el seno izquierdo exactamente en el seno derecho»–, sino que determinadas cuestiones políticas globales harán aparición en el texto y se relacionarán con ella y su juventud, como es el caso de «la seguridad de Latinoamérica» o «la sociedad de consumo» –a este respecto, como dijimos, en otros poemas el asunto político-geográfico será la base de la evocación erótica–. En efecto, las preocupaciones de orden social –más globales que las de antes–, seguirán vigentes para esta última etapa y actuarán como un telón de fondo que el yo poético critica. Pero he aquí que –y esto es lo nuevo en cuanto al tratamiento erótico– la comunión carnal y amorosa también lo será política, así la amada comparte con el poeta unos mismos ideales, como ya vio Sahagún (1987: 12) y tuvimos oportunidad de mencionar. Así las cosas, solo la amada es capaz de recoger «la llave perdida en medio de la calle», es decir, hacer que el poeta, gracias a su presencia y a su ejemplo, vuelva a sentirse joven y vigoroso.

Hemos asistido así, por tanto, a una expresión de lo erótico que resulta integradora: está el cuerpo de la mujer, sí, pero también su forma de ser, su *osadía* frente a la vida; y se halla presente, por último, su destino revolucionario, su existencia en medio de los problemas de la sociedad. Todo junto conforma a un sujeto erótico que deslumbra y vivifica al poeta, que parece que ya no puede separar, ni en su vida ni en la de los otros, la dimensión individual y la compartida.

Y ya, para dar fin a este rápido esquema, acerquémonos a un último ejemplo que vuelve a enriquecer la dimensión erótica de la poesía del autor, «Cuando tú no estás» (HMLG) (820):

Cuando tú no estás,
la casa vacía.
Las paredes de hierro.
El cristal de roca.

Veo tu Gramática histórica.
Toco tus apuntes.

Pero no tu mano.
Tus ojos.
Tu sonrisa.

Este breve y bello texto, también perteneciente a su último libro, *Hojas de Madrid con La galerna*, supone una pequeña miniatura por la que podemos contemplar el nuevo día a día de la voz poética. Ciertamente, el mundo que se recrea en estas hojas es el del Madrid que se asomaba a la posmodernidad, que venía de la mano de la omnipresencia de los centros comerciales, el consumo y la tecnología. Son, por tanto, un paisaje y una sociedad muy diferentes de los que el poeta había conocido durante su juventud y aun en sus años adultos; sorprendido por la edad, como habíamos visto en el último poema, a lo que habrá que añadir la cercanía de la muerte –pues tendrá que ser tratado de un cáncer–, el yo lírico que desfila por cientos de poemas nos habla atropelladamente de un mundo que va más rápido de lo que puede asimilar; de una realidad novedosa a la que quiere dar cabida en su verso. Y entonces, si el caso precedente supone una evocación –que se situará junto a otras– de sus años anteriores, también seremos testigos de textos, como el que nos ocupa, que se centran en el presente de la anécdota cotidiana.

La voz que leemos ha abandonado ya toda grandilocuencia y, de forma personal, se limita a describir su trato con el mundo confuso que habita. En tal sentido debemos comprender el poema, pues el ámbito de lo doméstico y de su última relación amorosa, junto a Sabina de la Cruz –la destinataria–, le proporcionará la tan anhelada serenidad que necesita. El texto, así, recrea como en un vislumbre una de esas escenas íntimas y amorosas; y, de hecho, a lo largo del poemario tendremos oportunidad de ver cómo se alude a diferentes aspectos de esta relación. Pero si hemos escogido este poema para terminar nuestra serie, se debe a que en él, a pesar de lo escueto, se condensa un profundo sentimiento amoroso que, en este caso, nace de la ausencia y no de la presencia. En efecto, lo que se nos traslada es, en suma, el dolor por la ausencia física de la amada.

Sin embargo, la expresión erótica del poeta se repliega a tres verbos, «(no) estar», «ver» y «tocar», y elimina todo lo accesorio: el asíndeton encadena sintagmas descriptivos de un espacio vacío; o, mejor dicho, de un espacio que se ha vaciado por mor de la ausencia de la amada. Por otra parte, no aparece ya el oxímoron, ni el adverbio, ni una sintaxis difícil: dejando solo lo esencial, la voz poética pone el énfasis en esos complementos –«vacía», «de hierro», «de roca»– que convierten en un *locus terribilis* el espacio de la ausencia. De esta manera, el apartamento, aparente lugar de serenidad, se vuelve tanto más hostil por cuanto es sinónimo de la realización diaria, de la plenitud; pues «para Blas de Otero, la ensoñación del espacio feliz se independiza del devenir de los objetos de amor, deja de ser un simple recipiente geográfico o arquitectónico fuertemente connotado, para constituirse él mismo en objeto de deseo al concentrar «ser en su interior» (De la Cruz 2021: 11). Y aunque el poeta advierte un recuerdo de la amada –su libro de *Gramática histórica*– e incluso toca sus apuntes, enseguida repara en su falta: no se hallan su mano, sus ojos, su sonrisa, elementos que se cargan de connotaciones amorosas y eróticas, ya que, quizás, «el erotismo es una fantasía de identificación con las partes eróticas del cuerpo» (Alberoni 1986: 83). Así, la expresión erótica en el ejemplo muestra una contención absoluta y únicamente se deja entrever por esos detalles del cuerpo de la amada, que no solo implican una unión carnal –como en otros poemas se observará claramente–, sino también una unión espiritual, completa, amorosa, que es posible y se echa en falta.

Habiendo arribado, pues, al fin de este breve recorrido, salta a la vista que la expresión erótica en la poesía de Blas de Otero adquiere diversas facetas y características según va evolucionando su poética.

Desde un primer impulso místico hasta llegar a la celebración del amor real en su última obra, entremedias han quedado la voluptuosidad, el mal de amor, lo simbólico y lo político. Aunque no siempre la voz oteriana se ha encaminado a una mujer concreta –recordemos que a veces la presencia femenina es solo un medio y no se llega a establecer–, la pulsión espiritual de sus primeras publicaciones también nos habla de una cuita amorosa, aunque sea al modo místico o creyente. En cualquier caso, y más allá del canto anecdótico –y a veces en clave paródica– de determinadas partes del cuerpo de la mujer a lo largo de su poesía, parece subsistir una necesidad de llenar el vacío interno del autor, que solo halla consuelo al final de su trayectoria vital y poética.

Desde este punto de vista, podríamos creer que para superar las ansias de comunión espiritual fue necesario que el poeta bajara «a la calle», es decir, cambiara sus concepciones religiosas y políticas; ciertamente, solo en mitad de la vida cotidiana y en la lucha del pueblo Otero pudo gozar de la experiencia amatoria efectiva, que entonces se reveló como una de las dichas de la existencia y como el verdadero alivio que, tras diversos intentos frustrados –de los que no obstante se recuerda lo carnal–, le trae la serenidad definitiva.

Por todo, resultaría pertinente considerar que lo erótico en la obra del poeta, sin llegar a constituir una dirección clave para su progreso, como sí lo sería el prurito social, acaba manifestándose como una fuerza que impregna los intereses temáticos que se suceden: pues allí se halla tras la querencia de Dios, allí se descubre en su amor a la patria y, sobre todo, allí lo encontramos en las experiencias amorosas que se recrean.

En definitiva, yendo del espíritu al cuerpo y viceversa, transitando desde una expresión culta y retórica hasta otra coloquial y desenfadada, Blas de Otero nos ofrece una muestra de lo erótico que logra traspasar la anécdota y suponer un aspecto, quizás, sinónimo de la propia vida, que era acaso lo más importante para el autor. De ahí que, según esta posible mirada, de lo que se trate sea de poner a la vida de realce, defenderla a toda costa y, muy especialmente, expresarla por todos los medios, incluido el erótico.

Bibliografía

Alarcos, Emilio (1986): «La crítica literaria en la poesía de Blas de Otero», en José Ángel Ascunce (ed.): *Al amor de Blas de Otero*. San Sebastián: Actas de la II Jornadas Internacionales de Literatura: Blas de Otero. Mundaiz: Universidad de Deusto, 43-62.

Alberoni, Francesco (1986): *El erotismo*. Barcelona: Editorial Gedisa.

Alonso, Dámaso (1965 [1952]): «Poesía arraigada y desarraigada», en Dámaso Alonso: *Poetas españoles contemporáneos*. Madrid: Gredos, 346-358.

Bataille, Georges (2002 [1957]): *El erotismo*. 3ª ed. Barcelona: Tusquets Editores.

Carson, Anne (2015 [1998]): *Eros el dulce-amargo*. Ciudad Autónoma de Buenos Aires: Fiordo. https://edisciplinas.usp.br/pluginfile.php/7686397/mod_resource/content/1/Carson-Anne-Eros-el-dulce-amargo-pdf.pdf

Comín, María Pilar (2013 [1956]): «Blas de Otero». Entrevista en Otero, Blas de (2013): *Obra completa (1935-1977)*. Sabina de la Cruz y Mario Hernández (eds.). Barcelona: Círculo de Lectores, Galaxia Gutenberg, 1104-1107.

De la Cruz, Sabina (2013): «II. La vida de un poeta», en Blas de Otero (2013): *Obra completa (1935-1977)*. Sabina de la Cruz y Mario Hernández (eds.). Barcelona: Galaxia Gutenberg, 57-88.

De la Cruz, Sabina (2021): «La erotización del espacio en los poemas de amor de Blas de Otero». *Ancia. Revista de la Fundación Blas de Otero*, año XII, 14, 6-21. https://fundacionblasdeotero.org/wp-content/uploads/2023/12/Ancia-14.pdf

G. Rico, Eduardo (2013 [1970]): «Historias fingidas y verdaderas», en Otero, Blas de (2013): *Obra completa (1935-1977)*. Sabina de la Cruz y Mario Hernández (eds.). Barcelona: Galaxia Gutenberg, 1143-1146.

Hernández Villalba, Afhit (2011): «Misticismo y poesía: elementos retóricos que conforman la estética mística», *Revista de El Colegio de San Luis*, Nueva época, año I, 2, 10-34. https://revista.colsan.edu.mx/index.php/COLSAN/article/view/495/397

Kruse, Elisabeth (2018): «"Poesía arraigada" y noche oscura en la lírica de Blas de Otero», *Hipogrifo*, 6.2, 461-474. https://www.revistahipogrifo.com/index.php/hipogrifo/article/view/416/pdf

Lanz, Juan José (2008): «Algunos aspectos del taller poético de Blas de Otero: En torno a "Mademoiselle Isabel"», en Juan José Lanz, *Alas de cadenas (Estudios sobre Blas de Otero)*. Sevilla: Renacimiento, 209-280.

López-Baralt, Luce y Francisco Márquez Villanueva (1985): «Introducción», en Luce López-Baralt y Francisco Márquez Villanueva (eds.),

Erotismo en las letras hispánicas. Aspectos, modos y fronteras. México, D.F.: El Colegio de México, Centro de Estudios Lingüísticos y Literarios.

Montetes-Mairal, Noemí (2019): «Mística, pasión y mal de amor en la poesía de Blas de Otero», *BRAE*, tomo XCIX, cuaderno CCCXIX, 275-299. https://revistas.rae.es/brae/article/view/305

Morales, Gregorio (2005): «El juego del viento y la luna. El erotismo en la literatura», en Remedios Sánchez García (ed.), *Un título para Eros. Erotismo, sensualidad y sexualidad en la literatura*. Granada: Universidad de Granada, 11-44.

Nair Roldán, Sabrina (2019): «El erotismo y Rubén Darío, un recorrido teórico», *Esferas Literarias*, 2, 89-101. https://journals.uco.es/Esferas/article/view/11859

Núñez, Antonio (2013 [1968]): «Encuentro con Blas de Otero», en Otero, Blas de (2013): *Obra completa (1935-1977)*. Sabina de la Cruz y Mario Hernández (eds.). Barcelona: Galaxia Gutenberg, 1126-1133.

Ortega y Gasset, José (2006 [1939]): *Estudios sobre el amor*. Madrid: Biblioteca Edaf.

Ortiz Aguirre, Enrique (2015): «Una aproximación a la poética de Rubén Darío y Juan Ramón Jiménez: erótica poética, poética erótica», *Philologia Hispalensis*, 29/3-4, 83-96. https://idus.us.es/items/354a3c85-cbcf-4993-87ff-4faeabb362c7

Otero, Blas de (2013): *Obra completa (1935-1977)*. Sabina de la Cruz y Mario Hernández (eds.). Barcelona: Círculo de Lectores, Galaxia Gutenberg.

Paz, Octavio (1993): *La llama doble. Amor y erotismo*. Barcelona: Seix Barral.

Pedraza Jiménez, Felipe B. y Milagros Rodríguez Cáceres (2002 [1997]): *Las épocas de la literatura española*. Barcelona: Editorial Ariel.

Rodríguez González, Félix (2011): *Diccionario del sexo y el erotismo*. Madrid: Alianza Editorial.

Sahagún, Carlos (1987): «Introducción», en Otero, Blas de (1987): *Poemas de amor*. Barcelona: Lumen, 7-14.

Sancho Mas, Francisco Javier (2022): «Claves literarias de la originalidad del erotismo poético en san Juan de la Cruz frente a sus fuentes y contexto. Ejemplos comparativos con el *Cantar de los Cantares* y Garcilaso», *Etiópicas, Revista de Letras Renacentistas*, 18, 119-153. https://www.uhu.es/publicaciones/ojs/index.php/etiopicas/article/view/7633

Sartre, Jean-Paul (1958 [1943]): *El ser y la nada*, tomo 2. Buenos Aires: Ibero-Americana.

LAS FORMULACIONES LÍRICAS DEL EROTISMO EN LA ESPAÑA DEL ÚLTIMO MEDIO SIGLO

Joaquín Moreno Pedrosa
Universidad de Sevilla

Tal como señala la práctica totalidad de la crítica especializada, la poesía que se publica en España desde el año 2001 sigue una línea de continuidad con la del anterior cuarto de siglo. Y, por lo que respecta a este período, los estudiosos coinciden en destacar a aquellos autores que, perteneciendo a la misma generación que los *novísimos*, nunca se acogieron a los rasgos establecidos por la antología de Castellet, ni rehuyeron la tradición e influencia de los poetas de posguerra y, antes que ellos, del 27. Hay que precisar que, aunque se trate de un concepto que puede dar lugar a interpretaciones más o menos interesadas (*vid.* Mateo Gambarte 2012), el término «generación» se emplea en este trabajo exclusivamente en su acepción cronológica literal, sin pretensiones de que sirva para interpretar los fenómenos históricos de un período determinado, y únicamente como instrumento de delimitación temporal, para poder mostrar y estudiar de forma ordenada movimientos, grupos y autores que, aunque compartan un mismo contexto, tienen planteamientos y objetivos diferentes. En este sentido, los nueve poetas *novísimos* pertenecerían a la generación, lógicamente mucho más extensa, de autores nacidos entre 1939 y 1953, o *generación del 70*.

Según explica Pedro Provencio, lo que se produce en el panorama poético español a partir de 1975, más que una evolución en los poetas *novísimos*, es un relevo: los primeros, «agotados, desinteresados por su clasificación generacional o simplemente reconvertidos, pero sin perder notoriedad» (Provencio 1993a: 88), dieron paso a otros miembros de su misma generación, cuya obra marcaría los pasos seguidos por la poesía de las siguientes. Por su parte, Julia Barella destaca que estos autores, entre los que cita a Antonio Carvajal, Mario Hernández y Juan Luis Panero, habrían mantenido «su personal e independiente trayectoria» (Barella 1988: 10) durante el breve período de fama de la estética *novísima*. Seguramente, esta es la razón de que Pedro Provencio considere a varios de estos autores entre los «francotiradores», o autores más independientes, de su antología (Provencio 1993b: 24). Juan José Lanz añade a los anteriormente mencionados a Lázaro Santana, Agustín Delgado, Miguel d'Ors y José Miguel Ullán (Lanz 1994: 4). Y, ya a partir de 1978, César Nicolás aprecia el surgimiento de lo que él llama una «imposible generación de los 80», «vampirizada» por los *novísimos* (Nicolás 1989: 11). En realidad, se trataría simplemente de autores de la misma generación que han publicado su obra en fecha más tardía. También José Luis García Martín ha denominado «generación del 80», sin pretender una recopilación estrictamente generacional, a los poetas coetáneos de los *novísimos* que empezaron a publicar por estos años (García Martín 1992: 106). Amparo Amorós los describe como aquellos autores «que quedaron al margen de la antología de Castellet», entre ellos Antonio Carvajal, Eloy Sánchez Rosillo y Miguel d'Ors, además de los que supieron rectificar a tiempo la llamada estética *novísima*, como Luis Alberto de Cuenca o Luis Antonio de Villena (Amorós 1989: 65).

Juan José Lanz ha señalado 1977 como comienzo de este relevo, cuya poesía se diferencia de la de los *novísimos* en que «amplía sus márgenes de referencia e incluye entre éstos las manifestaciones de posguerra» aparecidas durante la dictadura de Franco, entre ellas la generación del 50, sin afán de ruptura. Como ejemplo del relevo, señala la publicación de «poesías completas» por parte de algunos *novísimos*, con las cuales, o bien daban por terminada su creación, o bien iniciaban un nuevo camino, en la misma dirección que los demás poetas que estaban publicando por esas fechas. También destaca la aparición de los primeros libros de autores de la generación del 90 (los nacidos entre 1953 y 1967, como Julia Castillo, José Lupiáñez, José Gutiérrez, Antonio Jiménez Millán, Miguel Mas, Fernando Beltrán, Felipe Benítez Reyes, Salvador López Becerra o Julio Llamazares). Confluyen así autores de la generación del 70 –*novísimos* reconvertidos, los poetas que habían mantenido una trayectoria independiente de estos, y aquellos que empezaban a publicar sus libros en estos años- con los de la siguiente generación (Lanz 1994: 3-4).

Algunos de los poetas del 70 más influyentes en la poesía de esta época aparecen en la antología de José Luis García Martín *Las voces y los ecos*, que reúne poemas de Justo Jorge Padrón, Pedro J. de la Peña, Luis Antonio de Villena, Miguel d'Ors, Carlos Clementson, José A. Ramírez Lozano, Andrés Sánchez Robayna, José Gutiérrez, Francisco Bejarano, Fernando Ortiz, Eloy Sánchez Rosillo, Manuel Neila, Víctor Botas, Abelardo Linares y Julio Alfonso Llamazares. En estos autores, como diferencia con los *novísimos*, destaca García Martín la desaparición de la estética *camp* y el vanguardismo; también que el culturalismo ha ido «diversificándose y personalizándose en los poetas mejores» (García Martín 1980: 65). Tales rasgos, junto a la introducción del elemento cotidiano, serán vistos por otros críticos como las notas más distintivas de su poesía (Jiménez 1989: 2; Palomero 1987: 18). Continúa la influencia de la generación del 50, Gil de Biedma sobre todo (*vid.* López de Abiada 1989). Según Jaime Siles, se adoptan todos los modelos en que prime la emoción, la percepción y la inteligibilidad del texto, centrada en la cotidianeidad o lo urbano: Unamuno o Manuel Machado, miembros de la generación del 27 como Cernuda y Alberti, poetas de postguerra como los de *Cántico*, Luis Rosales, Blas de Otero, José Hierro y Carlos Edmundo de Ory (Siles 1991: 157-160). La influencia de Cernuda será, como en los poetas del 50, determinante una vez más: especialmente, como ha señalado María Victoria Utrera, por lo que respecta al «equilibrio entre lenguaje hablado y escrito», vinculado a la tradición meditativa, que contiene las claves del tono, aparentemente sencillo y directo, de la poesía escrita por estos autores. Además, según la misma autora, «la reivindicación de la métrica clásica caracteriza a buena parte de los poetas de los ochenta frente a la generación anterior», con rima y estrofas tradicionales (Utrera Torremocha 2005: 140). Así, García Martín destaca el manierismo arcaizante del granadino Fernando de Villena (*Pensil de rimas celestes*, 1980, *Soledades tercera y cuarta*, 1981), similar al de Luis Martínez de Merlo, más irónico (*Fábula de Faetonte*, 1982, y *Orphencia Lyra*, 1985), y el dominio técnico de Francisco Castaño. Junto a estos, Gallego Roca señala al también granadino Antonio Enrique (Gallego Roca 1990: 40). Se trata, de todas formas, de una práctica común a otros poetas de la misma generación, como David Pujante, Luis García Montero o Carlos Marzal (Amorós 1989: 66; Barroso 1991: 56; García Martín 1988: 153; Nicolás 1989: 14; Siles 1991: 162), que Jaime Siles ha visto como otro ejemplo más del intento que hacen estos poetas por trasladar aspectos de la tradición a la sensibilidad del presente (Siles 1991: 162-163). También Carnero y Gimferrer publicarán tardíamente sus libros de sonetos, *Divisibilidad indefinida* (1989) y *La llum* (1991). Pedro Provencio señala que el soneto «parece estar sirviendo de flotador en la reciente estética errabunda» (Provencio 1993a: 94).

De hecho, Juan José Lanz ha visto en la poesía de estos años una perspectiva de la tradición distinta a la de los novísimos, que se manifiesta en un uso distinto del culturalismo; el monólogo dramático y el poema histórico, al modo de Cernuda o Borges, se ponen al servicio de la elaboración de un yo poético, cuya identidad se construye, precisamente, asumiendo determinados modelos de esa tradición:

> Por lo tanto, al convertirse la tradición en una vía de conocimiento del yo, esa misma tradición quedará transformada por las proyecciones de la propia personalidad, que viéndola desde una perspectiva contemporánea, tratará de buscar en ella aquello que es permanente en el hombre. La tradición, así, quedará integrada dentro del fluir vital

y de la memoria, en una confluencia amalgamada de vida y cultura. (Lanz 1994: 5).

Esta vuelta a la tradición se integra, por tanto, en el movimiento «de recuperación progresiva del yo lírico y de expresión de su experiencia en el poema», en un «giro hacia la realidad, hacia lo formulable lingüísticamente», una vez que se omite el paso intermedio, el «personaje histórico inserto en la tradición cultural» del monólogo dramático histórico (Lanz 1994: 5). Dentro de los distintos tipos de culturalismo que distingue Jenaro Talens, se trataría del primero, en el cual «los datos eruditos no son necesarios para la comprensión lógica del texto» (Talens 1979: 70). Como ejemplo de esta nueva actitud, Lanz destaca *Los trucos de la muerte* (1975) de Juan Luis Panero, *Sepulcro en Tarquinia* (1975) de Antonio Colinas, *Ciego en Granada* (1975) de Miguel d'Ors, *El viaje a Bizancio* (1976) e *Hymnica* (1979) de Luis Antonio de Villena, *Scholia* (1978) de Luis Alberto de Cuenca, *Tabula rasa* (1985) de Jenaro Talens, y *Siesta en el mirador* (1979) de Antonio Carvajal. A esta línea se adscribirán también algunos novísimos, como Félix de Azúa (con *Pasar y siete canciones*, de 1977, y *Farra*, de 1983), y Antonio Martínez Sarrión (*Horizonte desde la rada*, de 1983, y *De acedía*, de 1986).

Dentro de este nuevo afán por integrar los modelos culturales en la propia obra, hay que destacar la existencia, como han advertido Emilio Miró y Elena Barroso (Barroso 1991: 39; Miró 1982b: 378-379), de una tradición ininterrumpida de poetas, en su mayor parte andaluces (aunque no sólo: recordemos el caso de Gil Albert), caracterizada por su atención al lenguaje, lirismo, sensorialidad y riqueza formal, que no ocultan la herencia recibida, desde Aleixandre y Cernuda, pasando por *Cántico* hasta la generación del 50. Como primer ejemplo de esta poesía en la generación del 70, Emilio Miró señala al granadino Antonio Carvajal. Especial atención dedica Miró a la colección granadina *Silene*, donde Carvajal publica *Casi una fantasía* en 1975, y que incluía también a Elena Martín Vivaldi, Francisco Bejarano, y otros autores de la siguiente generación como José Lupiáñez y José Gutiérrez. En estos autores reconoce Miró «la palabra brillante, sensual, y la riqueza imaginativa y metafórica, el temblor emotivo y la exaltación pasional», con una intensa sublimación de la Naturaleza (Miró 1977: 6). Esto podría explicar que, como ha señalado Juan José Lanz, sean Madrid y Andalucía los lugares geográficos que, a partir de la década de los ochenta, desarrollarán una actividad poética más destacada, frente a la preponderancia de Barcelona en la década anterior (Lanz 1991: 37-38).

En este contexto, uno de los referentes indiscutibles del erotismo para la poesía del siglo XXI es Antonio Carvajal. Perteneciente a la generación del 70, no cultivó nunca la estética *novísima*, y siguió una evolución artística independiente que se prolonga hasta hoy. Su obra no ha ocultado nunca la influencia recibida de la tradición literaria anterior, con referencias y homenajes explícitos, desde la generación del 50 hasta el Modernismo y el 98, pasando por los autores de la posguerra y el 27. Asimismo, los motivos culturales se integran en su poesía con la expresión del *yo* y las referencias históricas contemporáneas, en un logrado equilibrio entre tradición e intimismo. Y la riqueza formal y sensorial de su obra, con una presencia constante de la naturaleza, sirve de cauce a un erotismo sensual y vitalista que entronca plenamente con la tradición anterior.

La importancia del erotismo en la poesía de Antonio Carvajal se aprecia ya en su primer libro, *Tigres en el jardín*, de 1968. Como es costumbre del autor, el poemario lleva un título de siete sílabas, igual que todos los que ha publicado hasta el día de hoy. El número siete, que simboliza la perfección o la plenitud, viene a representar la ambición estética que caracteriza su poética. Respecto a los tigres, en una metáfora que puede rastrearse al menos hasta William Blake, representan los instintos vitales. En los poemas del libro, los amantes satisfacen estos instintos, fundamentalmente los sexuales, en el jardín. Este lugar, a su vez, representaría un espacio entregado a la naturaleza, pero controlado por las reglas del arte, que favorece la actividad espiritual, y que constituiría un refugio sereno y ordenado frente al caos del mundo exterior. De esta manera, Carvajal quiso sintetizar en el título la exaltación alegre de la vida y sus impulsos, y del afán racional por el orden (Carvajal 1995b: 374-375; Valls 1995: 174-175). El libro está dedicado a Vicente Aleixandre[1], y su primera sección se titula «Retablo con imágenes de arcángeles». Se trata de, nuevamente, siete sonetos alejandrinos, la mayoría de tema erótico, en el que hace su aparición un símbolo característico de su obra: el ángel como mensajero, como intermediario que desvela alguna verdad oculta de la realidad sensible. El hecho de que estos poemas lleven títulos procedentes de la iconografía religiosa puede explicar, entre otras razones, que el libro no tuviera problemas con la censura, a pesar de su temática erótica y alguna referencia comunista.

En la poesía de Antonio Carvajal, la expresión del erotismo parte de una experiencia personal. Pero, al igual que otros temas, esta vivencia halla su formulación poética a través de elementos y códigos que son deudores de la tradición. Este legado, así como la común experiencia humana a la que se refiere, se convierten en una creación original cuando el poeta las moldea según su perspectiva y sus circunstancias personales. Y el autor granadino ha llevado a cabo esta síntesis con no poca fortuna. En efecto, la integración de las tradiciones e influencias con su propia visión personal es una de las características de su obra más reseñada por los críticos[2]. El mismo Carvajal ha identificado el momento de su evolución en que esta síntesis se llevó a cabo. Cuando le enseñó a su amigo Carlos Villarreal la primera versión del poema-libro *Casi una fantasía*, éste le hizo notar que allí empezaba a apreciarse su propia voz. Y a partir de ahí se planteó una nueva manera de concebir la escritura:

---

[1] «De todos aquellos a quienes por cariño, admiración y respeto debo esta obra primera, elijo a VICENTE ALEIXANDRE, porque con él gozo es el tributo, y llamear de vida la amistad» (Carvajal 1983: 10).

[2] (Camandone de Cohen 1986: 306; Celma Valero 1995: 456; Furnari 1994: 16; Guatelli-Tedeschi 2002: 468; Gullón 1985: 11; Juárez 1982: 78; Livoti 1995: 175; Martín Vivaldi 1969: 26; Miró 1982: 16; Molina Campos 1983: 71; Molina 9 de diciembre de 1984; Ortiz 1979: 723; Prat 30 de noviembre de 1984; Pulido Tirado 12 de diciembre de 1992; Umbral 1969: 3; Sanz Villanueva 1991: 452; Tapia 4 de junio de 2003; Villar Ribot 30 de noviembre de 1984).

[...] si hasta entonces procuré que mis poemas se parecieran a los modelos que admiraba, pero dejando traslucir mi propia visión del mundo, a partir de *Casi una fantasía* busqué un «dezir» personal donde las transparencias de mis modelos se incorporan como hechos de lengua; si el refrán o la frase hecha pueden nutrir un texto, el verso ajeno, como hecho de lengua –quien mucho lee, algo recuerda–, puede tener el mismo valor, de germen en unos casos, de bella floración en otros. Pasé de la imitación a la emulación, y aquí me auxilió Góngora: no se trata de evitar lo que hacen otros, sino de hacerlo mejor. (Carvajal 2004b: 22-23).

A partir de este momento, y aunque en alguna ocasión ha vuelto a escribir poemas en que remeda el tono y el estilo de sus modelos favoritos, de manera habitual ha preferido introducir motivos o citas de otros poetas como materiales constructivos de su obra. Antonio Carvajal es consciente de que esta forma de proceder no es nueva; estamos ante «la vieja práctica de la alusión, la cita, el homenaje, hoy reducido todo bajo el feo término de intertextualidad» (Guatelli-Tedeschi 2004: 209). El autor granadino considera que en este recurso influye su gusto por la música. Dentro de su poema, las citas ajenas se introducen para jugar con su sentido, afirmándolas, negándolas, o presentándolas bajo una nueva perspectiva, de forma análoga al *tema* de una pieza musical, que se repite con variaciones a lo largo de una composición musical (Valls 1995: 187). Éste sería el caso, por ejemplo, de «Algunas mudanzas sobre temas del *Desengaño de amor* de don Pedro Soto de Rojas» (Carvajal 1984: 15-31), en lo que considera un ejemplo de «las teorías de la mala lectura formuladas por Harold Bloom» (Guatelli-Tedeschi 2004: 218). Como inspiración para este recurso, Carvajal cita el poema de García Lorca «Tu infancia en Menton», donde el verso de Jorge Guillén «Sí, tu niñez: ya fábula de fuentes», que se cita al comienzo del poema, se repite hasta tres veces a lo largo de la composición. De esta manera, el verso de Guillén, «inseparable del texto lorquiano, era no ya de su autor, sino del otro», hasta el punto de que el poema no constituye una glosa, sino una obra unitaria cuyo principio y final climático son el mismo verso citado, a la manera de los *leitmotiven* de la ópera wagneriana, llegando a convertirlo en sustancia propia (Carvajal 1995b: 380). En alguna ocasión, Carvajal ha identificado esta práctica con el recurso de los hablantes de una lengua al acervo común, cuando buscan el vocablo más preciso para explicar algo de la manera más exacta. Además, con este proceder busca darle al lector algunas claves de su propia obra de una forma implícita, señalando a las lecturas que comparte con él, y haciendo que participe más activamente en el poema (Guatelli-Tedeschi 2004: 210-211). El mejor ejemplo de esta concepción del quehacer poético es el poema titulado «Servidumbre de paso». Se trata de un ejemplo especialmente representativo por lo que respecta a nuestro objeto de estudio, pues los usos expresivos sobre los que reflexiona se refieren, precisamente, a la descripción física de la amada:

> Pero ya era imposible
> la libertad. Habíamos
> alzado nuestras manos
> a los frutos de todas
> las heredades. Susurramos: *Nunca*
> *más estos frutos*
> *nos tentarán. Seremos*
> *hijos de nuestro esfuerzo*
> *y brillará el futuro como...*
>   Algo
> se nos había escapado:
> Negados a los usos, no cabía
> comparar. No cabía
> trasladarse a otro mundo
> que iluminara sueños
> con realidades,
> que levantara nuestros ojos sobre
> un mundo de palabras, tan henchidas
> para el gozo de hablar
> y de saber.
> Y dijimos: *Tus dientes*
> *son como los piñones, tan parejos;*

tus pupilas, semáforos
de vía libre; el cuello
como una levantada grúa; todo
tu ser como edificio de oficinas.
Y nos mirábamos.
Y nos quedaba
una congoja extraña: *Son tus dientes*
las guijas que el arroyo lava; son
tus pupilas feroces como soles
de estío, y es tu cuello
tibio cerezo en flor. Tu cuerpo todo
este valle gozoso que caminas...
Pero ya era imposible
la libertad. Queríamos
incorporar el mundo
que hacíamos al sueño; pero el sueño
lo rechazaba. Apenas
conteníamos todos la sonrisa.
                    ¿Acaso
nos burlábamos de
nuestro fracaso?
           Aquello
no nos sonaba bien, no nos decía
nada para el futuro. Y el futuro
había ya pasado. Era imposible
la libertad. Y el oro
y las perlas y el álamo y el cedro
y los pastores líricos y el cisne
y la rosa y el labio como grana
cobraron su alto aprecio y su prestigio. (Carvajal 1984: 11-12).

Resulta curioso que este poema, probablemente el que se cita con más frecuencia para ilustrar la importancia de la tradición en la poética de Carvajal, ha recibido también numerosas lecturas sesgadas, como si su autor declarara en él que los tópicos de la tradición son la única o la mejor manera de expresarse. De hecho, el propio poeta se refiere con ironía a la «impresión de conservadurismo» suscitada por este poema (Carvajal 1995a: 137). Por ejemplo, Pedro Provencio considera que el poema «se resuelve así en un refugio estético de preceptiva prestigiada», recurriendo a «la tradición más segura y preceptiva, al parecer aceptada como única vía practicable para la expresividad» (Provencio 1988: 70). El crítico Miguel García Posada aprecia una parodia de las actitudes rupturistas con la tradición, para concluir que es «inútil quebrar los códigos "clasicistas"» (García Posada 24 de diciembre de 1986). Mirta Camandone de Cohen interpreta que en sus versos Carvajal «describe metafóricamente las etapas de su poesía en el proceso de reinvención de la lengua» (Camandone de Cohen 1986: 304). Por su parte, Pilar Celma Valero constata también que «el autor se decanta al final por los signos de la tradición» (Celma Valero 1995: 469). Suelen resultar más certeras las lecturas que observan en «Servidumbre de paso» el valor atribuido a la tópica clásica, no como único cauce expresivo posible, sino como apoyo en la búsqueda de una expresión personal bien lograda. Así, vemos que Ignacio Javier López identifica en el poema los motivos tradicionales «como pasado y futuro a la vez» (López 1989: 218), o que Antonio Chicharro lo considera una reivindicación del uso «de metáforas aparentemente gastadas si llegan a cumplir su finalidad estética y consiguen establecer un eficaz diálogo con la tradición poética» (Chicharro 1999: 44-45).

Para hacernos una idea completa de su sentido, habría que empezar diciendo que «Servidumbre de paso» constituye, en primera instancia, la denuncia de un afán de originalidad, de querer inaugurar una nueva tradición partiendo de cero, ese afán por ser únicamente «hijos de nuestro esfuerzo» que pretende conquistar el futuro sin tomar en cuenta el pasado. El resultado, a pesar de ser necesariamente novedoso por rupturista, no es estéticamente válido, queda como un objeto simplemente llamativo, sin posibilidad de permanencia en el tiempo. En consecuencia, el futuro, como tiempo al que se proyectaban esos esfuerzos vanguardistas, ya ha quedado atrás, arrumbado. El mismo Carvajal, que no comparte en absoluto la visión de que el arte progrese de manera exponencial y unívoca, ha concretado que su parodia se refiere a un «vanguardismo meramente formal, sólo de léxico o de procedimiento», como práctica oportunista y externa, con la que se encubre una estructura tradicional del poema (Guatelli-Tedeschi 2004: 216). Por su parte, Chicharro considera que la «discursividad paródica» de este poema apunta hacia «la ansiada búsqueda de originalidad de su momento *novísimo*» (Chicharro 2002: 221), es decir, la moda poética que, aparecida en el panorama español a partir de 1965, daba la impresión de aspirar a una renovación poética centrada principalmente en el léxico y los motivos exóticos.

La consideración más importante sobre este poema, sin embargo, es que, una vez derrotado el intento de crear una nueva lengua poética, su conclusión ha de entenderse en un sentido principalmente irónico, ya que el prestigio y el alto valor que se cobran los tópicos clasicistas viene a consecuencia de esa derrota, de la incapacidad para aportar otros nuevos. Como ha dicho el mismo Carvajal, a menudo se recurre a los motivos tradicionales simplemente porque sus elementos ya se han convertido en «componentes culturales muy estimados» (Guatelli-Tedeschi 2004: 200). El poeta granadino es consciente de que no resulta posible inventar la lengua poética. Más bien, piensa que «sólo cabe articular un código particular en el código ya existente». La ironía de estos planteamientos radica en que la poesía de Carvajal aspira a –y no tiene más remedio que– ser «de hoy»: «en este sentido, los que me llaman barroco o clasicista, no se dan cuenta de que tengo poquísimo de eso. Sí tengo una noción muy clara de la existencia y sé que el pasado es absolutamente irrecuperable» (Guatelli-Tedeschi 2004: 215-216)[3]. Por todo ello, el poeta es consciente también de que, cuando emplea formas y motivos tradicionales, lo hace desde su propia sensibilidad contemporánea, con la conciencia de recurrir a elementos sancionados por la tradición, y fácilmente reconocibles como tópicos.

Por lo que respecta más concretamente a los modelos del erotismo en la poesía de Carvajal, resulta imprescindible mencionar en primer

---

[3] Esta ironía ha sido vista también por buena parte de los críticos (Vázquez Medel 1999: 18; Vilas 16 de octubre de 1988).

lugar al referente indiscutible de esta temática en poesía moderna, el simbolista Charles Baudelaire. Sin embargo, aunque el sexo aparece referido con frecuencia en las obras de ambos autores, la profesora Joëlle Guatelli-Tedeschi ha distinguido el apasionamiento y el vigor de las prácticas sexuales en la poesía de Carvajal de la sádica crueldad con que aparecen en la obra del poeta francés (Guatelli-Tedeschi 2002: 454), como es el caso de la muchacha decapitada en el lecho de *Une martyre* o la fantasía erótico-blasfema de *À une madone* (Baudelaire 1942 [1857]: 133-135 y 63-64). Guatelli-Tedeschi sí le atribuye al ejemplo baudeleriano las metáforas sexuales tomadas de la naturaleza: los «interiores de concha y amaranto» o la «concha del ámbar» manando «un arroyo sereno de miel y manzanilla» (Carvajal 1983: 40 y 18). No obstante, ya veremos cómo éstas se deben más a la influencia de Federico García Lorca.

El siguiente ejemplo de referencia indiscutida es Rubén Darío. El propio Carvajal ha subrayado en numerosas ocasiones su deuda con el modernismo, movimiento con el que comparte «ese ideal de Belleza inalcanzable que marca lo mejor de la obra de Darío» (Darío 2004: 34). Más concretamente, ambos autores vienen a coincidir en el modo de expresión que Carvajal ha descrito como «la fascinante carnalidad del pensamiento de Darío» (*ibidem* 74), es decir, la presencia en sus versos de un disfrute sensorial gozoso y celebrativo, heredero de la concepción vital epicúrea, con una atención especial a los placeres sexuales. La expresión erótica en la poesía modernista tendrá una influencia ininterrumpida hasta nuestros días, pues, como señalaba el poeta y crítico sevillano Fernando Ortiz, el modernismo es «el primer movimiento literario que recupera para la literatura contemporánea el erotismo en un sentido positivo» (Ortiz 1981: 18). Este rasgo de la poesía de Rubén Darío hallará eco abundante en la del autor granadino.

Pero, sin duda, el poeta que más ha influido en la expresión erótica de Carvajal es Federico García Lorca. Por su biografía, ambos autores comparten un mismo entorno natural, y esta experiencia dará lugar en sus obras respectivas a todo un repertorio de metáforas sexuales. Además, de la misma manera que ocurre en la poesía de Carvajal, Lorca tiene una visión festiva y despreocupada del sexo. Habiendo vivido en su adolescencia una época en que determinadas prácticas sexuales estaban estrictamente reguladas o vedadas por la moral imperante, tal circunstancia sólo venía a añadir más intensidad a su disfrute. No es raro que, en alguna de estas ocasiones, el goce sexual vaya unido a la figura del demonio: así, el poeta de Fuentevaqueros había expresado su renuncia a Dios en «Prólogo» («guárdate tu cielo azul,/ que es tan aburrido,/ el rigodón de los astros/ y tu Infinito»), haciendo gala de un satanismo ligero, con cierto aire bromista:

> [...]
> Además, Satanás me quiere mucho,
> Fue compañero mío
> En un examen de
> Lujuria, y el pícaro,
> Buscará a Margarita
> -Me lo tiene ofrecido-,
> Margarita morena,
> Sobre un fondo de viejos olivos,
> Con dos trenzas de noche
> De Estío,
> Para que yo desgarre
> Sus muslos limpios.
> [...] (García Lorca 1967: 241).

También Carvajal pone bajo la advocación del demonio una práctica de sexo oral, en el soneto «Luzbel»:

> Me succiona tu flujo de bulla en resistero
> y en brasas amarillas los bulbos del gladiolo
> trocan su agria corteza para encender brasero
> en la concha de nácar y soledad del polo.
>
> Sorbo a sorbo me chupas como pluma al tintero
> y me dejas vacío de esperanza y tan solo,
> tan en luz peregrina, tan muchacho severo,
> que a gritos la saliva y en brasa el llanto asolo.

Chisporrotea el ansia de saber hasta dónde
no podremos llegar para empujar un mismo
bulbo, tallo o incendio, hosco ángel soberbio.

Y mientras Dios en lodo de antigüedad se esconde,
pendiente de tu boca, me tienes en abismo
suspendido del habla por el cordel de un nervio. (Carvajal 2003: 17).

Además, el mismo Carvajal atribuye las metáforas sexuales con términos frutales o florales, que son tan frecuentes en su poesía, al ejemplo de Lorca (Carvajal 1986: 307-308), como el «Madrigal de verano»:

Junta tu roja boca con la mía,
¡oh Estrella la gitana!
Bajo el oro solar del mediodía
morderé la manzana.
En el verde olivar de la colina
hay una torre mora,
del color de tu carne campesina
que sabe a miel y aurora.
Me ofreces en tu cuerpo requemado
el divino alimento
que da flores al cauce sosegado
y luceros al viento.
¿Cómo a mí te entregaste, luz morena?
¿Por qué me diste llenos
de amor tu sexo de azucena
y el rumor de tus senos?
[...] (García Lorca 1967: 209-210).

Esta composición proporciona las claves para interpretar las metáforas del carvajaliano «Anunciación de la carne», cuando el ángel que precede al despertar sexual «su corte de querubes y jilgueros turquíes/ cambiaba por mi leche, mi miel y mi manzana» (Carvajal 1983: 13), o la sustitución de la azucena por el lirio de «Paraíso final», donde «no hay nada como el lirio que tanto nos estreche», del que mana «un arroyo sereno de miel y manzanilla» (Carvajal 1983: 18)[4]. También a la influencia lorquiana dice Carvajal deber el conocimiento «de los dos vértigos de la carne: el vértigo de la fiebre, el vértigo del vacío» (Carvajal 1986: 309). El siguiente hito que vendrá a influir en la expresión erótica de nuestro autor es el grupo *Cántico* de Córdoba, notable por la refinada sensualidad de sus alusiones carnales. Acerca de esta vivencia del erotismo, frecuentemente destacada por los críticos (García Ulecia 1987: 87), Fernando Ortiz ha señalado que *Cántico* constituye el primer eslabón de la posguerra española con la «libertad erótica en la expresión» que la generación del 27 había heredado del modernismo (Ortiz 1981: 19), modelos cuya influencia en la poesía de Carvajal se ha señalado con anterioridad. En la obra de los poetas cordobeses, el tratamiento del erotismo se caracteriza frecuentemente por lo que Alberto García Ulecia ha denominado «consciencia de la voluptuosidad asumida», al manifestarse por vez primera la pulsión de los instintos carnales, y que suscita una actitud rebelde muy parecida a la Luzbel, el «demonio-ángel» (García Ulecia 1987: 92). Como ejemplo, puede verse el poema «Tentación en el aire», en que Pablo García Baena describe el despertar de la carne como presencia de un «demonio, ángel mío, tentación en el aire»:

> [...]
> sentí en mi alma un roce de blandas plumas blancas
> como si frescas alas me nacieran de pronto
> y mi ser se llenara de pájaros cantores.
> [...] (García Baena 1982: 61).

Y, a continuación, obsérvese cómo esta expresión encuentra su eco en «Anunciación de la carne», soneto alejandrino que escribió Carvajal

---

[4] A este respecto pueden verse también los «gavilanes líricos» en el mismo poema de Lorca, y el soneto «Gavilán», publicado por Carvajal en el homenaje a Federico García Lorca de la revista *Litoral*, nº 8-9, septiembre de 1969, p. 102.

sobre el mismo asunto, identificando también la aparición del deseo sexual con el mensaje de un ángel:

> Envuelto en seda y nardos, encajes y rubíes,
> vino el ángel del cielo a verme una mañana;
> yo encadenaba plumas de ensueño en mi ventana
> con un candor desnudo de lino y alhelíes.
>
> Su corte de querubes y jilgueros turquíes,
> cambiaba por mi leche, mi miel y mi manzana;
> El beso y la mejilla eran de nácar grana,
> de tibios surtidores y absortos colibríes.
>
> Se deslizó en mis venas como pez por el río
> y, al tiempo que en su torre daba el reloj la hora,
> mané sangre y luceros mezclados con rocío.
>
> Me cerró las heridas su boca que enamora
> y, abrazando mi cuerpo transitado en su brío,
> me dijo: «Eres hermoso». Y se fue con la aurora. (Carvajal 1983: 13).

La obra de los autores de *Cántico* se erige, de este modo, en una expresión poética muy apropiada para esa vivencia celebrativa y sensual de la Naturaleza, a través del verso delicado y sonoro, de factura tradicional. No hay que olvidar, además, el vínculo establecido entre paisaje natural y experiencia erótica, tan frecuente en la poesía de estos poetas. Véanse, por ejemplo, estos versos de «Narciso», de Pablo García Baena:

> [...]
> Me acerqué a tu mirada y mis piernas elásticas
> encontraron el loto esbelto de tus piernas.
> La mañana era entonces unos labios abiertos,
> unas caderas ágiles, un cestillo de fresas,
> un corona húmeda del rocío de la dicha.
> [...] (García Baena 1982: 153).

Una descripción muy parecida a la que encontramos a menudo en la poesía de Carvajal, como es el caso del número XII de los «Poemas de Valparaíso»:

> [...]
> Sobre la hierba cálida que el rocío aún no moja,
> –yerran sus gotas leves por el aire insumiso–,
> bajo la luna llena, se abre una rosa roja.
> Nuestras bocas se besan: La aurora da el aviso
> de un futuro de amores, mientras el sol arroja
> sus primeras semillas en este paraíso. (Carvajal 1983: 46).

Así, con la experiencia erótica y el sentimiento de la Naturaleza fuertemente imbricados, la poesía del grupo *Cántico* va construyendo un paraíso material, donde el placer sexual se integra con el disfrute del paisaje a través de los cinco sentidos, en una suerte de Arcadia pagana y vitalista. Exactamente éste es el propósito que ambicionaban los primeros libros de Antonio Carvajal. Otro aspecto común del poeta granadino con los autores de *Cántico* es la oposición que se establece entre la vivencia de la sexualidad y el pensamiento de la muerte. Así lo expresa Carvajal en el vigésimo de los «Poemas de Valparaíso»:

> [...]
> Y en medio del Amor, y en su exacta alegría,
> nuestros cuerpos relucen, levantados al cielo,
> bellos como el sereno fulgor del mediodía.
>
> ¡Qué triunfal entusiasmo de la boca que besa,
> de la mano que mima la carne que alza el vuelo,
> mientras la muerte, afuera, descuida nuestra presa! (Carvajal 1983: 56).

Por su parte, Juan Bernier esgrime su vitalismo contra la consciencia de la mortalidad:

[...]
No preparo las maletas para este viaje terrible,
hay como un hálito fuerte de mi carne viva
que impide ni aún pensar que he de realizarlo,
un soplo que repugna y desecha ese aliento nauseabundo
[...] (Bernier 1996: 29-30).

Partiendo de todos estos modelos e influencias se construye en la poesía de Antonio Carvajal la visión del amor, cuyo rasgo más característico será el de ofrecer refugio o consuelo. Frecuentemente, la intimidad de la pareja se convierte en un espacio aislante de las convenciones y represiones que la sociedad impone, en una suerte de paraíso íntimo, una concepción que llega desde *Tigres en el jardín* hasta *Casi una fantasía*: «El éxtasis amoroso erige en victoria el rechazo del mundo» (Carvajal 1975: 4). No ha de interpretarse necesariamente que estemos ante una visión autista del amor; de acuerdo con su concepción de la realidad, Antonio Carvajal considera que el ámbito que definen las dos personas en su relación amorosa viene a comulgar también con la materia única del cosmos, erigiendo su vínculo en una imagen de las relaciones de atracción y repulsión que rigen en el Universo (Valls 1995: 174-175). Partiendo de esta teoría, no es de extrañar que la crítica haya señalado de forma prácticamente unánime que el amor constituye el asunto esencial de su poesía (Furnari 1994: 18-19; Miró 1982a: 16; Ordovás 1996: 7). Otro aspecto generalmente subrayado por los críticos es la frecuencia con que la poesía erótica de Carvajal se centra en la unión sexual física, lo cual vendría motivado por su visión celebrativa, sensorial y materialista, de la realidad (Livoti 1995: 172; Miró 1969: 6; Ortiz 1979: 723). Cuando esto ocurre, lo más frecuente es que el sexo se describa como una práctica apasionada y vigorosa, y que, con un falso pudor, los atributos sexuales se mencionen a través de metáforas, por lo demás, muy fácilmente reconocibles, como la boca «más secreta que acepta las caricias», de «Poemas de Valparaíso XVIII», (Carvajal 1983: 54), o la «Sierpe profana» de *Serenata y navaja*:

> Quien tanto te adoró, muerde tu pecho
> y desata torrentes carmesíes;
> tiene en las sienes pulsos colibríes
> y undoso el pelo como el crespo helecho.
> Dardo de luz acomodé en tu lecho,
> duras palpitaciones y rubíes.
> ¡Y qué fundirse nardos y alhelíes,
> culmen mi cuerpo de tu cuerpo y techo!
> Labios que te invocaron, como a diosa,
> bajo tu vientre ya volcán obsceno,
> sobre tu piel serpientes de zafiro,
> azules de pasión –no de veneno–
> sorben, caliginosos, tu ebria rosa
> e, hidrópicos de anhélito, el suspiro. (Carvajal 1983: 54).

A lo largo de los años, esta representación del sexo irá evolucionando en los libros sucesivos; si bien el amor vuelve a hacer su aparición en *Los pasos evocados*, con la llegada de la madurez Carvajal declara que quien siente «amor de invierno» sabe «ser más hondo y ser más tierno/ con su canción más lenta y duradera» (2004a: 92). En esta nueva etapa vital, el sentimiento amoroso se experimenta de una manera distinta; el poeta ya

> [...] No canta de amor, sino del pálpito
> colorido y tranquilo de la blanda amistad.
> Los timbres variados, la voz de manantial,
> no le impiden ser tímido y verdadero y cálido. (*Ibidem* 95).

Por último, Carvajal ha manifestado en varias ocasiones su voluntad de que la amada nunca aparezca en el poema convertida en un objeto poseído de forma egoísta (García Rodrigo 1995: 177; Guatelli-Tedeschi 2004: 136). Como puede verse en los ejemplos anteriores, aunque así lo ha conseguido, también cabe añadir que su poesía presenta una visión tan idealizada y trascendente del sentimiento amoroso, no reñida en absoluto con su realización carnal, que el personaje de la amada no llega nunca a presentar verdaderos rasgos individuales que la doten de una personalidad característica y bien definida, apareciendo más bien como un *tú* esencializado y universal.

Bibliografía

Amorós, Amparo (1989): «¡Los Novísimos y cierra España! Reflexión crítica sobre algunos fenómenos estéticos que configuran la poesía de los años ochenta», *Ínsula*, 512-513, 63-67.

Barella, Julia (1988): «Sobre la poesía de los 70», *Ínsula*, 498, 8-10.

Barroso, Elena (1991): *Poesía andaluza de hoy (1950-1990)*. Sevilla: Biblioteca de Cultura andaluza.

Baudelaire, Charles (1942 [1857]): *Les Fleurs du Mal*. París: José Corti.

Bernier, Juan (1996): *Antología poética*. Madrid: Signos.

Camandone de Cohen, Mirta (1986): «Notas para el estudio de la poesía española del 70», en A. David Kossof *et alii, Actas del VIII Congreso de la Asociación Internacional de Hispanistas*, vol. 1. Madrid: Istmo, 298-305.

Carvajal, Antonio (1969): «Gavilán», *Litoral*, 8-9, 102.

Carvajal, Antonio (1975): *Casi una fantasía*. Granada: Universidad de Granada.

Carvajal, Antonio (1983): *Extravagante jerarquía (Poesía 1968-1981)*. Madrid: Hiperión.

Carvajal, Antonio (1984): *Del viento en los jazmines*. Madrid: Hiperión.

Carvajal, Antonio (1986): «Federico García Lorca por ejemplo», en Andrés Soria Olmedo (ed.), *Lecciones sobre Federico García Lorca*. Granada: Comisión Nacional del Cincuentenario, 309-315.

Carvajal, Antonio (1995a): *De métrica expresiva frente a métrica mecánica. Ensayo de aplicación de las teorías de Miguel Agustín Príncipe*. Granada: Departamento de Lingüística General y Teoría de la Literatura de la Universidad de Granada.

Carvajal, Antonio (1995b): «Jorge Guillén: naturaleza viva», en Antonio Piedra y Javier Blasco Pascual (eds.), *Jorge Guillén, el hombre y la obra. Actas de I Simposium Internacional sobre Jorge Guillén*. Valladolid: Universidad de Valladolid-Fundación Jorge Guillén, 373-384.

Carvajal, Antonio (2004a): *Los pasos evocados*. Madrid: Hiperión.

Carvajal, Antonio (2004b): *Poética y Poesía*. Madrid: Fundación Juan March.

Celma Valero, Pilar (1995): «Antonio Carvajal», en Pilar Celma Valero (coord.), *Mundo abreviado. Lectura de poetas españoles contemporáneos*. Valladolid: Ámbito, 455-476.

Chicharro, Antonio (1999): «Estudio previo», en Antonio Carvajal, *Una perdida estrella*. Madrid: Hiperión, 9-70.

Chicharro, Antonio (2002): «La poética conviviente de Antonio Carvajal», en *Studi Spanici. Poética y poéticas en España e Hispanoamérica*. Pisa / Roma: Istituti editoriali e poligrafici internacionali, 213-223.

Darío, Rubén (2004): *Sonetos de Azul a Otoño, comentados por Antonio Carvajal*. Madrid: Hiperión.

De Villena, Luis Antonio (1981): «Lapitas y centauros. Algunas consideraciones sobre la nueva poesía española en la última década», *Quimera*, 12, 13-16.

Furnari, Tito (1994): «La spazialità celeste della poesia», Antonio Carvajal, *Rapsodia andalusa. Antologia di liriche scelte, tradotte e curate da Rosario Trovato*. Santa Maria di Licodia: Il Fauno, 7-28.

Gallego Roca, Miguel (1990): *Antología de la joven poesía granadina*. Granada: Caja General de Ahorros de Granada.

García Baena, Pablo (1982): *Poesía completa 1940-1980*. Madrid: Visor.

García Lorca, Federico (1967): *Obras completas*. Madrid: Aguilar.

García Martín, José Luis (1980): *Las voces y los ecos*. Madrid-Gijón: Júcar.

García Martín, José Luis (1988): «Tendencias de la poesía última», *Los Cuadernos del Norte*, 50, 151-154.

García Martín, José Luis (1992): *La poesía figurativa. Crónica parcial de quince años de poesía española*. Sevilla: Renacimiento.

García Posada, Miguel (24 de diciembre de 1983): «Servidumbre de paso», *ABC*.

García Rodrigo, María Luisa (1995): «Intervista al poeta», en María Luisa Tobar (coord.), «*Incontro con il poeta spagnolo Antonio Carvajal*», *Atti Academia Peloritana dei Pericolanti*, LXIX, 177-181.

García Ulecia, Alberto (1987): «La poesía de Pablo García Baena», en Esteban Torre (ed.), *Poesía y poética. Poetas andaluces del siglo XX*. Sevilla: Alfar, 79-87.

Guatelli-Tedeschi, Joëlle (2002): *Fruto cierto*. Granada: Ediciones Jizo / Fundación Francisco Carvajal.

Guatelli-Tedeschi, Joëlle (2004): *La poesía de Antonio Carvajal. Consonante respuesta*. Madrid: Biblioteca Nueva.

Gullón, Ricardo (1985): «Twentieth-Century Spanish Poetry», *World Literature Today* nº 59, 2, 207-211.

Jiménez, José Olivio (1985): «Reafirmación, proximidad, continuidad: notas hacia la poesía española última (1975-1985)», *Las nuevas letras*, 3-4, 40-47.

Jiménez, José Olivio (1989): «Variedad y riqueza de una estética brillante», *Ínsula*, 505, 12.

Juárez, Rafael (1982): «La poesía de Antonio Carvajal», *Caja del Agua*, 1, 77-79.

Lanz, Juan José (1991): «La poesía española: ¿hacia un nuevo romanticismo?», *El Urogallo*, 60, 36-45.

Lanz, Juan José (1994): «Primera etapa de una generación. Notas para la definición de un espacio poético: 1977-1982», *Ínsula*, 565, 3-6.

Livoti, Antonio (1995): «Per una lettura della poesia di Antonio Carvajal», María Luisa Tobar (coord.), *Incontro con il poeta spagnolo Antonio Carvajal, Atti Academia Peloritana dei Pericolanti*, LXIX, 172-175.

López, Ignacio Javier (1989): «Entre dos lecturas: *Del viento en los jazmines* de Antonio Carvajal», *Revista Canadiense de Estudios Hispánicos*, 13, vol. II, 215-229.

López de Abiada, José M. (1989): «Los novísimos en la última encuesta sobre poesía española contemporánea», *Ínsula*, 505, 18-19.

Martín Vivaldi, Elena (1969): «Antonio Carvajal: *Tigres en el jardín*», *Árbol de fuego*, 19, 26.

Mateo Gambarte, Eduardo (2012): «Generaciones literarias», en Eduardo A. Salas (ed.), *Ocho calas en el pensamiento literario español contemporáneo*. Sevilla: Alfar, 127-161.

Miró, Emilio (1969): «Antonio Carvajal: *Tigres en el jardín*», *Ínsula*, 270, 6.

Miró, Emilio (1977): «La colección granadina "Silene"», *Ínsula*, 372, 6.

Miró, Emilio (1982a): «Clasicismo formal y pureza lírica en Antonio Carvajal», *Ínsula*, 428-429, 16.

Miró, Emilio (1982b): «La poesía desde 1936», en José María Díez Borque (coord.), *Historia de la literatura española. El siglo XX*. Madrid: Taurus, tomo IV, 327-389.

Molina, César Antonio (9 de diciembre de 1984): «Jardín abierto para pocos», *Diario 16*.

Molina Campos, Enrique (1983): «Joven poesía andaluza», *Nueva Estafeta*, 54, 70-73.

Nicolás, César (1989): «*Novísimos* (1966-1988): Notas para una poética», *Ínsula*, 505, 11-14.

Ordovás, Miguel Ángel (1996): «De algunos caprichos celestes», *Poesía en el campus*, 34, 3-8.

Ortiz, Fernando (1979): «Antonio Carvajal», en *Gran Enciclopedia de Andalucía*, Sevilla, Promociones Culturales Andaluzas S. A.-Anel, tomo II, 722-723.

Ortiz, Fernando (1981): *Introducción a la poesía andaluza contemporánea*. Sevilla: Calle del Aire.

Palomero, Mari Pepa (1987): *Poetas de los 70. Antología de poesía española contemporánea*. Madrid: Hiperión.

Prat, Ignacio (30 de noviembre de 1984): «Siesta en el mirador», *Diario de Granada*, suplemento *Cuadernos del Mediodía*.

Provencio, Pedro (1988): «Antonio Carvajal», en Pedro Provencio, *Poéticas españolas contemporáneas. La generación del 70*. Madrid: Hiperión, 69-71.

Provencio, Pedro (1993a): «La generación del 70», *Cuadernos Hispanoamericanos*, 522, 87-102.

Provencio, Pedro (1993b): *Poésie espagnole. Les nouvelles générations.* Lyon: *Presses Universitaires de Lyon*.

Pulido Tirado, Genara (12 de diciembre de 1992): «Cinco poetas de Granada», *Ideal*.

Rubio, Fanny y José Luis Falcó (1981): *Poesía española contemporánea (1939-1980)*. Madrid: Alhambra.

Sanz Villanueva, Santos (1991): *Historia de la literatura española 6/2. Literatura actual*. Barcelona: Ariel.

Siles, Jaime (1991): «Dinámica poética de la última década», *Revista de Occidente*, 122-123, 149-159.

Talens, Jenaro (1979): *Conocer Beckett y su obra*. Barcelona: Dopesa.

Tapia, Juan Luis (4 de junio de 2003): «Antología "carvajaliana"», *Ideal*.

Umbral, Francisco (1969): «*Tigres en el jardín*, de Antonio Carvajal», *Poesía española*, 194, 3-5.

Utrera Torremocha, María Victoria (2005): «Luis Cernuda en la poesía española del siglo XX», en Salvador Montesa Peydró (ed. lit.), *A zaga de tu huella. Homenaje al profesor Cristóbal Cuevas*. Málaga: Universidad de Málaga, vol. II, 137-147.

Valls, Fernando (1995): «Vida y tradición: la poesía de Antonio Carvajal», *Turia*, 34, 163-188.

Vázquez Medel, Manuel Ángel (1999): «Poesía para celebrar la vida. Entrevista», *Andalucía Educativa*, 17, 18-19.

Vilas, Manuel (16 de octubre de 1988): «Diván de la palabra», *El día*, suplemento *Imán*.

Villar Ribot, Fidel (30 de noviembre de 1984): «De tan profundo deleite», *Diario de Granada*, Suplemento *Cuadernos del Mediodía*.

MECANISMOS DISCURSIVOS DE LA EXPRESIÓN ERÓTICA EN LA NARRATIVA DE PIEDAD BONNETT

SONJA SEVO
Universidad de Sevilla

La obra literaria de la escritora, poeta y dramaturga colombiana Piedad Bonnett (Amalfi, Antioquia, 1951), reconocida internacionalmente, se caracteriza por su profundidad emocional y su exploración de temas como la soledad, el dolor, el amor y la muerte, y combina un estilo íntimo con una mirada crítica hacia la sociedad contemporánea. Entre sus novelas destacan *Después de todo* (2001), *El prestigio de la belleza* (2010), *Siempre fue invierno* (2007) y *Lo que no tiene nombre* (2013). Su poesía, contenida en títulos como *Explicaciones no pedidas* (2011) con el que ganó el premio Casa de América de Madrid de Poesía Americana, revela una voz sincera y desgarradora que conecta con las emociones más humanas. La escritura de Bonnett se caracteriza por un lenguaje preciso y poético que invita a la introspección y al cuestionamiento de las estructuras culturales y emocionales. Su poesía, teatro y narrativa están profundamente arraigados en su experiencia vital y expresan la visión de la mujer de clase media en un país afectado por violencias, desigualdades y conflictos:

> No es sencillo para ningún pueblo verse con ojos claros, a partir de lo que implica su nacionalidad, pero para los colombianos esto es infinitamente más complicado; pues la comprensión de nuestra realidad es más compleja o impenetrable que la de muchos pueblos en la tierra (¿dónde empiezan y acaban guerrilla, paramilitarismo, narcotráfico, violencia, corrupción? ...). Creo que no exagero si digo que la percepción del país de un colombiano es la de un caos irreductible, la del vértigo de hechos cuyo sentido final escapa a su inteligencia. (Bonnett 2006: 11-14).

Para poder comprender mejor su obra literaria, es de vital importancia entender su relación con la literatura y sobre todo con la lectura. Para ella la lectura es, ante todo, placer, luego reflexión y comprensión de los otros y el mundo y nunca vía de aleccionamiento moral o ideológico. Según las palabras de la propia autora, el escritor tiene uno de los oficios más extraños, ya que él mismo se impone su tarea, con sus ambiciones y sus límites. Así, la única responsabilidad que un escritor debe tener es compromiso con su arte, sin hacer concesiones a la moda, al afán comercial de las editoriales, ni a supuestos deberes políticos. Bonnett celebra el arte de escribir como un viaje perpetuo de ensayo y error, en el que el artista abraza a sus imperfecciones y aprende a fracasar mejor: «Cada obra es un pequeño fracaso porque siempre hay una distancia entre lo que se quiso decir y lo que logramos decir. El estímulo que hoy recibo de los lectores me ayuda a aspirar, no a la perfección, sino a fracasar cada vez de una mejor manera» (Bonnett 2008: 71). Su compromiso con la literatura y su capacidad para conmover y provocar reflexión en sus lectores la han establecido como una de las voces más influyentes y respetadas de la literatura contemporánea, tanto en Colombia, como más allá de sus fronteras.

En estas páginas se pretende identificar los recursos lingüísticos y literarios predominantes empleados por Bonnett para representar el erotismo, al igual que explorar la dimensión simbólica de la expresión erótica considerando cómo el lenguaje utilizado trasciende lo físico para abordar aspectos psicológicos, emocionales y culturales. Es necesario examinar la relación entre el lenguaje erótico y las dinámicas de poder, deseo y vulnerabilidad en sus personajes, para entender cómo estas tensiones enriquecen el desarrollo de la trama y la complejidad de los personajes. Por último, nos proponemos analizar, así mismo, cómo el erotismo en su obra desafía las convenciones literarias y culturales, promoviendo reflexiones sobre la importancia del cuerpo femenino como el tema central para desafiar las normas patriarcales de la sociedad colombiana contemporánea. Más allá de explorar la relación entre el lenguaje y la expresión erótica en la obra de Bonnett, nos proponemos profundizar en cómo estas interacciones afectan a la percepción y construcción de la feminidad en la narrativa contemporánea. Al destacar el papel fundamental del lenguaje como herramienta que configura las representaciones de género, queremos tomar parte en el debate académico sobre las conexiones entre lenguaje, corporalidad y roles de género en la literatura actual.

Parece oportuno combinar lingüística y crítica literaria para analizar los campos léxicos relacionados con el erotismo en la obra de Piedad Bonnett, poniendo el foco en la reconstrucción de la identidad femenina y los roles de género. De forma paralela, el análisis crítico desde la teoría literaria sirve para examinar cómo estos elementos lingüísticos participan en la reconstrucción de la identidad femenina dentro de la narrativa de Bonnett, destacando especialmente la representación de la corporalidad de las protagonistas y las relaciones de poder y género que se desarrollan en las novelas. Mediante la exploración de vínculos y patrones relevantes entre el lenguaje, las representaciones del erotismo y la construcción de roles de género en la obra de Bonnett, se logrará una comprensión amplia y detallada de estas complejas relaciones.

Para el corpus hemos elegido tres de las novelas mencionadas anteriormente: *Después de todo* (2001), *Siempre fue invierno* (2007) y *El prestigio de la belleza* (2010). La primera obra es un drama que retrata a dos personajes errantes que buscan desesperadamente al otro, atrapados en una prisión emocional alimentada por la culpa, la enfermedad, los celos y la locura. El adulterio emerge como un tema central, especialmente en relación con el papel actual de la mujer en la sociedad colombiana. Aunque el amor, la muerte y el adulterio son los temas centrales, no se trata de una novela de amor ni de muerte, sino de una historia de derrota. *Siempre fue invierno* (2007) es su novela más completa, en cuanto a la riqueza de los temas que trata: amor, violencia, maternidad, sexualidad, adulterio, muerte, entre otros muchos. En esta novela, la autora se sale del mundo interior de sus personajes para tratar también la cruda realidad colombiana, aunque el tema central sigue siendo la vida interior de los protagonistas que vienen de clases sociales diferentes y cuyo encuentro casual acaba cambiando la vida de ambos. *El prestigio de la belleza* (2010) es claramente un *Bildungsroman*[1] femenino, ya que trata el tema de la infancia y el desarrollo de la personalidad de una niña. Entre otros temas, destacan la opresión religiosa y social, y sobre todo el trato especial que recibe la belleza en nuestra sociedad.

Para abordar los temas planteados, conviene entender el lenguaje como una herramienta clave para construir y mantener identidades dentro de un contexto sociocultural específico. Dado que el lenguaje es un medio esencial de comunicación, en el que se encuentran integrados estereotipos y prejuicios arraigados en el imaginario colectivo, resulta evidente la relevancia de incluir los aspectos lingüísticos en este análisis literario:

> El lenguaje no es una mera herramienta mediante la cual expresamos y comunicamos nuestros pensamientos. El lenguaje hace pensamiento,

---

[1] Del alemán Bildung (periodo de formación posterior a la fase correspondiente a la enseñanza primaria) y Roman (novela). Rodríguez Fontela (1996: 34-35) nos recuerda que el *Bildungsroman* es un neologismo creado por Karl Von Morgerstern para ser utilizado en un curso impartido en 1810, aunque la formación y el éxito del neologismo se deban a Wilhelm Dilthey, quien dio la definición canónica del género, basándose en el modelo clásico del *Wilhelm Meisters Lehjrahje* de Wolfgang Goethe. *Bildungsroman* es una novela de formación donde el protagonista, enfrentado a las crudas realidades de la vida por las que va conformando su personalidad, se encuentra a sí mismo y se identifica con su función en el mundo.

se piensa cuando se habla, y, al mismo tiempo, representa y construye realidad. Es el sentido y medio central mediante el cual entendemos el mundo y construimos la cultura. (Jiménez, Román y Traverso 2011: 175).

El lenguaje que emplean los personajes en una obra literaria proporciona información valiosa sobre su personalidad, emociones, nivel educativo, origen social y otros rasgos distintivos. Elementos como la elección de palabras, la estructura de las oraciones y los recursos discursivos empleados enriquecen la comprensión de cómo se construyen las identidades de los personajes y las dinámicas de poder dentro del relato. En este contexto, el análisis de los aspectos lingüísticos no solo permite desentrañar las representaciones de género, sino que también ofrece una oportunidad para cuestionar y desafiar los estereotipos y las normas de género presentes tanto en el texto como en la sociedad en general.

1. El erotismo como desafío a las normas sociales

Después de todo, lejos de ser un diario autobiográfico de la autora, es una novela cuya protagonista, Ana, es el personaje con el que más se identifica la escritora según sus propias palabras. La protagonista es una mujer de 47 años que vive en la Bogotá contemporánea. Es artista, galerista y académica, además de colaborar ocasionalmente escribiendo artículos para revistas especializadas. Posee una belleza discreta y carga con un profundo sentimiento de fracaso. Es sensible al arte y al reconocimiento, pero también introspectiva y en busca de afecto humano (Pineda Botero 2005: 229). La novela está narrada en tercera persona, aunque en ciertos momentos parece que la voz del narrador se fusiona con la de Ana, lo que permite acceder a sus pensamientos, emociones y desilusiones más íntimas. En contraste, el resto de los personajes solo se presentan a través de lo que dicen, ya que sus pensamientos y sentimientos permanecen desconocidos. Dicho de otro modo, toda la acción gira en torno a Ana, y el grado de conocimiento sobre los demás depende de su perspectiva.

Uno de los elementos centrales de esta novela es la relación conflictiva de la protagonista con su cuerpo. Por un lado, está el cuerpo físico, aquel con el que convivimos desde que nacemos, y, por otro, el cuerpo objetivado, es decir, la imagen que deseamos proyectar al mundo. Según Bonnett, esta relación es compleja para todas las personas, ya que «incluso la gente bella tiene que afrontar la cuestión de la imagen que proyectan» (Enrique Alfonso 2008: 325). Sin embargo, al ser mujer, dicha relación se complica aún más, pues la liberación del cuerpo resulta mucho más accesible para los hombres. Esto se debe a que «ellos están autorizados por una cultura ancestral a explorar la sexualidad más temprano sin inhibirse» (Enrique Alfonso 2008: 322).

En el caso de la protagonista, ella busca refugio en el adulterio y en una corporalidad prohibida y estigmatizada por la sociedad, incapaz de soportar el tedio de un matrimonio desgastado. A través de esta rebeldía, Ana logra observar y explorar su cuerpo a pesar de las restricciones inculcadas en torno a él. Así, recuerda: «cuando empezaron a crecerle los senos, se observaba desnuda con una fascinación espantada. Sentía que debajo de su piel había un misterio, y entre sus piernas, la posibilidad de un horrible pecado» (Bonnett 2001: 57). Aunque la narración se presenta en tercera persona mediante un narrador omnisciente, la presencia del «yo» domina el relato. Esto se debe a que el texto busca hacer emerger la subjetividad del personaje a través de recursos lingüísticos de modalización[2], como el uso de adjetivos calificativos en sintagmas nominales (*fascinación espantada* u *horrible pecado*) o sustantivos valorativos (*posibilidad*, *misterio*).

Ana no es feliz en su matrimonio y se enamora de otro hombre, Martín, también casado, con el que disfruta plenamente de su sexualidad.

---

[2] La modalidad, como fenómeno discursivo, se refiere a la actitud que el emisor imprime en el mensaje y a su expresión verbal, es decir, el *yo* es el centro enunciativo a partir del cual se organiza el discurso. Los procedimientos lingüísticos de modalización más recurrentes son: adverbios de modalidad, la interjección, la entonación, la utilización de verbos modales, los modos verbales, los adjetivos y sustantivos valorativos, entre otros (Marimón Llorca 2008: 94).

Aunque Martín no fue su único amor extramatrimonial, pero sí el más pasional con diferencia:

> Martín, que siempre sintió en el cuerpo de Ana la docilidad apasionada del abandono, se sorprende de su dulce rudeza, de sus movimientos de vértigo. Por un instante, su brío masculino parece detenerse, entrar en un limbo de desconcierto. Sin embargo, la agresiva ternura domestica su cuerpo, lo desarma, lo convierte en su objeto (...). En el núcleo palpitante del coito, durante unos segundos son dos seres que se descubren, dos recién llegados impúdicos y feroces, dos tiernas criaturas sin nombre y sin pasado, tan sólo desnudez que palpita con una misma fuerza espasmódica. (Bonnett 2001: 143).

En este fragmento cargado de erotismo, Bonnett describe el encuentro sexual entre Ana y su amante usando la narración en tercera persona, con un narrador que, aunque externo, tiene acceso al mundo interior de los personajes. La focalización varía entre interna múltiple (los pensamientos y sensaciones de Martín y Ana) y externa (las descripciones de los movimientos físicos). Esto permite una representación compleja y dinámica de la interacción entre los personajes durante la escena íntima. La perspectiva se centra primero en Martín, mostrando su percepción del cuerpo y la actitud de Ana: *Martín, que siempre sintió en el cuerpo de Ana la docilidad apasionada del abandono.* Luego, el narrador introduce un cambio al explorar cómo las acciones de Ana transforman las emociones y sensaciones de Martín: *su brío masculino parece detenerse, entrar en un limbo de desconcierto.* Por último, el narrador describe los movimientos y el acto sexual desde una posición externa: *dos tiernas criaturas sin nombre y sin pasado, tan sólo desnudez que palpita.* Esto da un tono casi universal y abstracto a la escena, trascendiendo las identidades de los personajes. La modalización en este fragmento se centra en transmitir tanto la percepción subjetiva de los personajes como las emociones que impregnan la escena. Esto se logra mediante adjetivación calificativa. Los adjetivos empleados añaden matices emocionales y subjetivos, revelando la intensidad de las sensaciones y las dinámicas de poder en la escena.

Docilidad apasionada: evoca un contraste entre sumisión y deseo, marcando cómo Martín percibe la actitud previa de Ana; *dulce rudeza* y *agresiva ternura*: estos oxímoros refuerzan la dualidad de las emociones presentes en el acto sexual, combinando fuerza y suavidad en un mismo gesto; *palpitante* y *espasmódica*: ambos adjetivos sugieren movimiento, vitalidad y la fusión física y emocional de los personajes. Los sustantivos como *desconcierto, núcleo, criaturas* y *desnudez* encapsulan las emociones y el estado de los personajes, dándoles un tono visceral y poético. El texto también emplea metáforas para representar el intercambio de emociones y sensaciones entre los personajes: *La agresiva ternura domestica su cuerpo, lo desarma, lo convierte en su objeto*; en este caso Ana asume el control de la interacción, y Martín, que usualmente encarna la fuerza, es transformado por su gesto. Aquí, el cuerpo se personifica como algo *domesticado* y *desarmado*, revelando una inversión de roles de poder. En la última oración, el lenguaje se vuelve más abstracto y poético: *dos seres que se descubren, dos recién llegados impúdicos y feroces*. Esto otorga un carácter universal a la experiencia, alejándola de lo puramente físico y conectándola con algo más simbólico: la desnudez como un estado de vulnerabilidad y profunda conexión emocional. Desde un punto de vista lingüístico, el texto combina recursos narrativos y de modalización para explorar la dinámica de poder, vulnerabilidad y conexión entre los personajes. La adjetivación, las metáforas y el ritmo del lenguaje contribuyen a crear una atmósfera intensa y poética que trasciende lo corporal, mostrando la profundidad emocional y simbólica del encuentro.

Hay que destacar que Bonnett parece decidida a mostrarnos personajes femeninos rebeldes, que eligen luchar por su autonomía, antes que aceptar el modelo de vida que la sociedad de ideología machista le intenta imponer por todos los medios. A diferencia de los adúlteros masculinos, cuyos protagonistas eran hasta hace poco socialmente aceptables y hasta envidiados, las adúlteras femeninas sufrían casi siempre un castigo severo por la infidelidad cometida, vista como un insulto imperdonable hacia el marido: «aunque se haya quitado la pena de muerte de las leyes, la pena del marido por uxoricidio honoris causa era tan ridícula que podemos afirmar el mantenimiento de la muerte como posible castigo del adulterio de la mujer hasta 1964» (Machado Carrillo 1977: 109). Según Acosta de Hess (1988: 65), el adulterio femenino en la literatura es una representación mimética de la rebelión de la mujer en contra de la ideología machista imperante. Por este motivo, las novelas de adulterio adquirieron gran popularidad porque servían como un escape al lector (especialmente femenino). Al fin y al cabo, lo que todos estos personajes adúlteros tienen en común es: vivir en una atmósfera social asfixiante, aburrirse soberanamente en su vida matrimonial y tener deseos de vivir otras experiencias, más excitantes. Ana también se siente atrapada en un matrimonio infeliz y busca pasión, amor y aventura y no parece dispuesta a la resignación. De esta manera, se reconstruye la identidad femenina, y a su vez, los nuevos roles de género.

Tras ser abandonada por su amante, Ana se enamora de Gabriela, una joven de apenas veinte años, inteligente y algo excéntrica, que representa un enigma para ella. Gabriela encarna una posibilidad para Ana: lo que pudo ser en su juventud, pero no fue. A través de este personaje, Ana experimenta una añoranza por ser joven y libre nuevamente. Un episodio clave es la lectura de cartas que Gabriela realiza para Ana, un momento que posiciona a la joven dentro de un mundo que roza lo irracional. Como explica la propia autora, «ella pone a sus personajes a recurrir a lo esotérico cuando trata de mostrar su desesperación» (Enrique Alfonso 2008: 327). Ese amor lésbico imposible, ya que no es correspondido por parte de Gabriela, también representa una forma de rebelión contra las normas sociales establecidas, ya que el amor homosexual en la literatura femenina ha sido un espacio de resistencia y transgresión, que desestabiliza las normas hegemónicas de género, sexualidad y poder. En un país marcado por valores tradicionales y una fuerte cultura patriarcal, la representación del amor entre mujeres en la literatura no solo desafía la heteronormatividad, sino que también denuncia la opresión sistemática hacia las mujeres y las disidencias sexuales. Este amor se presenta como una afirmación de la autonomía sobre el cuerpo y el deseo.

La familia, según Bonnett, cumple dos funciones: «la técnica como recurso que necesita para configurar sus personajes, y la ideológica, en cuanto cree que es necesario salirse de sus formas opresivas» (Enrique Alfonso 2008: 332). Rechazo hacia la maternidad es otro de los temas centrales de esta novela, ya que Ana tiene una relación conflictiva con su hija, que está profundamente vinculada a su experiencia con la corporalidad antierótica. Después de experimentar los efectos físicos de la maternidad, toma la decisión de no tener más hijos: «al día siguiente, cuando vio en el espejo sus senos convertidos en inmensas esferas tirantes atravesadas de finas venas azules y su vientre flácido y colgante como el de una anciana, lloró tristemente» (Bonnett 2001: 178). En este fragmento, los procedimientos de modalización son clave para enfatizar el malestar de la protagonista y su rechazo hacia la maternidad. Esto se logra mediante construcciones comparativas y un uso repetido de metáforas y adjetivos calificativos con connotaciones negativas (los senos descritos como *inmensas esferas tirantes* y el vientre *flácido y colgante como el de una anciana*).

Por último, Bonnett establece una base sólida para la construcción de una nueva identidad femenina y la redefinición de los roles de género. Su protagonista, Ana, es una figura activa en la narración, que se rebela contra las estructuras patriarcales al crear su propio sistema de valores. A lo largo de la obra, Ana se reinventa a sí misma mediante la exploración de su cuerpo y sexualidad, desafiando convenciones establecidas a través del adulterio, la relación con su cuerpo y sexualidad, el amor lésbico y el rechazo hacia la maternidad, entre otros (Sevo 2024: 34).

2. El cuerpo femenino como el centro de la imagen erótica

Un mundo en crisis podría ser interpretado como el segundo título de la novela *Siempre fue invierno* (2007) al presentarnos un choque de dos mundos diferentes en una Colombia dividida, tras la contienda bélica. A través de la lucha de dos protagonistas que intentan sobrevivir en un mundo así, vemos como sus realidades chocan, se entrelazan, pelean y al final amenazan con destruirlos a ambos. Los temas como la mujer objeto, homosexualidad reprimida, la muerte, la fatalidad de destino, entre otros, hacen que esta novela gire en torno a dos ejes centrales: la opresión política y la liberación sexual femenina. Es la única novela donde la autora se sale del mundo interior de sus personajes para tratar también la cruda realidad colombiana y sus realidades históricas. Uno de los protagonistas es Ángel, un hombre de clase media-baja, mestizo y robusto y la otra es Franca, una mujer de clase alta, blanca y lánguida. La novela comienza con un encuentro casual en mitad de la noche entre Franca y Ángel, mientras esta huía de los abusos del marido.

Ahora bien, centrándonos en el personaje de Franca y su evolución, observamos su transformación de una mujer sometida y maltratada a una mujer libre e independiente. Esta evolución también refleja una metamorfosis en la identidad femenina colombiana. Al inicio de la novela, Franca se presenta como una mujer reducida a un objeto, víctima de los abusos de su esposo y sin control sobre su propia vida. Sin embargo, antes de abordar el concepto de «mujer objeto», es relevante definir la palabra «hombre» (del latín homo) como ser humano, en contraste con «varón» (vir), que alude específicamente al sexo masculino. Esta diferenciación subraya cómo, históricamente, la mujer no ha sido considerada plenamente como parte del género humano, tanto en lo legal como en lo social, una situación que ha perpetuado su percepción como «lo otro» (Rodríguez Magda 1994: 81). Ahora, la mujer debe reconectarse consigo misma y definirse, ya no como un complemento del hombre, sino como una mujer luchadora que logra superar siglos de opresión bajo el sistema patriarcal. Desde la antigüedad y el uso equivocado que se le ha dado al amor cortés[3] se construye el arquetipo de

---

[3] «El amor cortés que nace como huida del régimen opresor patriarcal para la mujer, anulada en el mundo machista donde el hombre tenía derecho absoluto sobre su cuerpo y su alma y gracias al cual la dama tiene la potestad para aceptar o rechazar los cortejos de un caballero y para jugar con el erotismo y el mantenimiento del deseo y que al principio daba gran independencia para la mujer, será reiterado tristemente en los cortejos posteriores como

la identidad femenina, el cual representa a la mujer como un ser que se constituye a partir de los roles de madre y esposa. Según Foucault existe una simetría en la reflexión moral sobre el comportamiento sexual, dado que se trata de una moral viril, hecha por y para hombres, en la cual la mujer aparece solo como el objeto del deseo masculino (Foucault 1984: 29). De esta forma es fácil llegar a la conclusión de que el deseo femenino existe únicamente en relación con la mirada sexual masculina, ya que la mujer aún no ha sido capaz de descifrar y elegir su propio deseo:

> La cultura se despliega sobre la feminidad exigiendo a la mujer el cuidado de la vida, de la sexualidad ligada al amor y el control del deseo sexual como única posibilidad de pasar de la naturaleza a la cultura. La sexualidad es entonces cultural, ya que el género configura y normativiza la sexualidad, y se convierte en un elemento del sistema yo-ideal-ideal del yo-super yo. Entre los ideales del yo, articuladores de la feminidad tradicional, se encontrarían ser «la mujer de un solo hombre», poner en esto la realización de metas y deseos, la maternidad y el ideal del cuidado vinculado a esta última. (Carril Berro 2000: 89).

Este plano sexual se transmite también al plano amoroso y al plano de la seducción, puesto que la lucha entre hombres y mujeres ha sido y sigue siendo muy desigual. Mientras el hombre suele recordar con agrado sus experiencias amorosas, ya que constituyeron conquistas o mejor dicho constataciones de su masculinidad, la mujer puede recordar con agrado únicamente a sus pretendientes. Sus amantes los borró de su pasado, puesto que, si un amor acabó, este era falso y en ese caso ella resultó utilizada (Rodríguez Magda 1994: 178).

La liberación sexual de Franca comienza cuando ella toma la decisión de poner fin a su matrimonio, en el cual se reflejan todos los aspectos característicos de la sociedad patriarcal: un esposo, visto como

---

una eliminación de la iniciativa femenina que debe en todo caso elegir entre los que previamente la han elegido» (Rodríguez Magda 1994: 117 y 126).

la principal fuente de sustento económico y de estatus social, y un hijo, cuya crianza y educación recaen sobre ella. A pesar de no contar con un empleo ni independencia económica, Franca elige separarse, priorizando algo mucho más valioso: su libertad. Desde ese momento Franca se convierte en una mujer que conoce su cuerpo y sabe cómo obtener placer de él al convertirse en la amante de Ángel:

> A pesar de que a Ángel no le faltan iniciativas amorosas, ella ha tomado las riendas de sus encuentros sexuales y ha pasado de ser la mujer un poco tímida que se dejaba llevar por su pareja, a una en apariencia experimentada, que incentiva en la exploración de su cuerpo y del cuerpo ajeno pequeñas perversidades consentidas. (Bonnett 2007: 198).

Este fragmento busca destacar la autonomía y el empoderamiento sexual de la protagonista, cuestionando las normas tradicionales de género en las relaciones íntimas. La protagonista desafía el estereotipo tradicional de la mujer pasiva y dependiente, adoptando un rol activo en su sexualidad, lo que está alineado con discursos feministas contemporáneos. La presencia de campos semánticos de transformación y poder: *tomar las riendas, tímida, experimentada*, subraya el cambio de rol de la protagonista, de pasiva a activa en el contexto sexual. La expresión *tomar las riendas* tiene un carácter metafórico, asociando control y dirección con la acción de asumir un rol activo en su vida íntima. El narrador parece omnisciente, ya que no se limita a describir acciones, sino que también accede a la evolución interna de la protagonista. La narración mantiene cierta distancia objetiva, describiendo los hechos sin un juicio explícito o una opinión personal del narrador. Sin embargo, el uso de expresiones como *pequeñas perversidades consentidas* introduce un tono de subjetividad que sugiere una valoración implícita (positiva o neutral) de las acciones de la protagonista. Por otra parte, encontramos varios tipos de modalidad: modalidad deóntica que se relaciona con las obligaciones, permisos o prohibiciones implícitas en el discurso. En este caso, no hay órdenes explícitas, pero sí puede inferirse un componente de agencia y autodeterminación: *ha tomado las riendas de sus encuentros sexuales*. Aquí se manifiesta una voluntad de autonomía por parte de la protagonista. La acción de tomar las riendas sugiere que ha superado normas sociales o expectativas de género que la limitaban previamente, implicando un rechazo a las restricciones tradicionales. Modalidad apreciativa: se centra en las sensaciones y emociones que el narrador pretende transmitir mediante la selección de términos connotativos. La expresión *un poco tímida* tiene un matiz atenuante que humaniza y contextualiza la transformación de la protagonista. No se presenta como un cambio abrupto, sino como un proceso que parte de una personalidad inicial más pasiva. La elección de términos como *incentiva* y *exploración* tiene una carga positiva, asociando la transformación de la protagonista con el descubrimiento y la curiosidad más que con la transgresión o el exceso. Modalidad epistémica: se refiere al grado de certeza o conocimiento que tiene el narrador sobre lo que narra. El uso de *en apariencia* muestra una reserva del narrador sobre la verdadera experiencia de la protagonista. Esto indica que, aunque parece segura y activa, el narrador no se compromete plenamente con la autenticidad de esta transformación, dejando abierta la posibilidad de que sea una actitud asumida más que una vivencia consolidada. La construcción epistémica no es absoluta; se percibe una narración que describe hechos observables, pero no profundiza en las motivaciones internas de la protagonista, reflejando una focalización externa.

Otro fragmento que atestigua la liberación sexual de la protagonista es la escena donde tiene un encuentro sexual con un hombre que le gusta, pero que termina siendo una decepción, ya que Franca no está dispuesta a hacer de instrumento para el placer masculino. Le resulta imposible esconder su decepción hacia un hombre que ni siquiera se ha interesado por el hecho de que si ella sentía placer o no:

> Pero algo la hace volver de su éxtasis, unas manos firmes, casi violentas, la extienden boca arriba, la abren sin mayor preámbulo, y el miembro recto la penetra con fuerza, una vez y otra y otra antes de eyacular. Aquello no ha durado más de quince minutos. Un rápido de pie, piensa Franca con dolida ironía, su deseo se ha desvanecido. Una rabia pequeña, atravesada de decepción, le modifica el gesto. (Bonnett, 2007: 167).

Aquí la focalización es mixta, ya que hay momentos en que el narrador describe los hechos desde una perspectiva externa y objetiva, como en: *unas manos firmes, casi violentas, la extienden boca arriba*. Sin embargo, la inclusión del pensamiento de Franca (*Un rápido de pie, piensa Franca con dolida ironía*) introduce una focalización interna, permitiendo acceder a sus emociones y reflexiones inmediatas. Este pequeño monólogo interior cumple la función narrativa de caracterizar psicológicamente al personaje de Franca. El narrador adopta una posición cercana a la protagonista, lo que permite al lector conectar con su percepción de la experiencia, tanto física como emocional. El uso del pretérito perfecto compuesto (*aquello no ha durado más de quince minutos*) y el presente (*le modifica el gesto*) sitúan la narración en un marco temporal inmediato, reforzando la inmediatez de la experiencia. Estos tiempos verbales tienen una referencia temporal desligada de la situación de enunciación en la que se produce el texto, ya que la temporalidad a la que aluden es interna a la propia acción del relato. El fragmento combina una narración objetiva en las descripciones físicas con una modalidad subjetiva que introduce las percepciones y emociones de Franca. Esta dualidad permite, por un lado, representar los hechos como algo impositivo y mecánico (*la extienden boca arriba, la abren*). Por otro lado, mostrar la reacción interna de Franca como una mezcla de decepción, ironía y desilusión, utilizando la modalidad apreciativa y epistémica para destacar el contraste entre sus expectativas y la realidad vivida. El narrador describe las emociones de Franca con términos que moderan la intensidad (*rabia pequeña*) pero subrayan su complejidad emocional (*atravesada de decepción*). Esto denota una actitud valorativa que presenta su frustración como razonable y contenida, sin dramatización excesiva. La modalidad epistémica también aparece en la percepción de Franca, que interpreta la experiencia desde su perspectiva personal (*con dolida ironía*). Las elecciones lingüísticas y los matices modales destacan la desconexión entre lo físico y lo emocional, subrayando la experiencia de Franca como un momento de pérdida de deseo y empoderamiento emocional reflexivo.

La idea de que el cuerpo femenino está en el centro de la imagen erótica en esta novela encuentra sustento en los fragmentos analizados, donde el cuerpo de la mujer no solo es el foco principal de la narración, sino también el eje de las dinámicas de poder, deseo y decepción. Su cuerpo es central no solo como objeto del deseo masculino, sino también como un espacio donde redefine y negocia nuevas formas de placer. Ambos textos confirman que el cuerpo femenino ocupa un lugar central en la construcción de la imagen erótica, pero revelan diferentes dinámicas en torno a su representación. Mientras que en el primer caso el cuerpo se presenta como objeto de deseo masculino, en el segundo se muestra como un espacio de autodefinición y exploración. Esta dicotomía refleja las tensiones entre la visión patriarcal y las nuevas narrativas de empoderamiento femenino en el ámbito de la sexualidad.

3. El erotismo como vehículo de autodescubrimiento

En las *Bildungsroman* femeninas, el erotismo suele representar una parte crucial del proceso de autodefinición. A través de la exploración de su cuerpo, deseos y relaciones, la protagonista entra en contacto con su identidad, no solo sexual, sino también emocional y psicológica. El despertar erótico se convierte en una metáfora del paso a la adultez y de la afirmación de su autonomía. Por ejemplo, en *Jane Eyre* de Charlotte Brontë, aunque el erotismo no es explícito, los sentimientos intensos de Jane hacia Rochester forman parte de su desarrollo personal y de su lucha por la independencia emocional. El *Bildungsroman* femenino a menudo explora cómo la protagonista enfrenta las expectativas de género y las normas sexuales impuestas por la sociedad. El erotismo puede aparecer como una forma de rebelión o conflicto, mostrando el deseo femenino como un ámbito que cuestiona las estructuras patriarcales. El erotismo también puede aparecer como algo reprimido o velado, mostrando cómo las protagonistas lidian con su deseo en un contexto de control cultural y moral. Este conflicto interno a menudo se presenta como una parte fundamental del proceso de madurez. En algunas novelas contemporáneas, el erotismo deja de ser un elemento de conflicto y se convierte en una afirmación del poder de las protagonistas. Esto refleja un cambio en la narrativa de formación femenina, que ahora incluye el empoderamiento sexual como una parte positiva del crecimiento. *El prestigio de la belleza*, al igual que otras novelas colombianas dentro del género *Bildungsroman* femenino[4], presenta historias narradas en primera persona por niñas jóvenes que están transitando de la pubertad a la adolescencia. Estas historias, ambientadas entre los años cincuenta y sesenta del siglo XX, abarcan un periodo específico que concluye cuando las protagonistas alcanzan la adolescencia. Los temas recurrentes incluyen la influencia tanto positiva como negativa de la familia, el papel de la religión en la formación de las jóvenes, los conflictos relacionados con el despertar sexual y las interacciones con el sexo opuesto, así como el impacto de estos aspectos en su autoestima. Además de explorarse a sí mismas, estas jóvenes también descubren los valores, ideologías y las crisis de la sociedad colombiana de su época (Castro Lee 2000: 364).

A la edad de cinco años, tras el nacimiento de su hermano menor, la protagonista de la novela de Bonnett hace un descubrimiento clave: existen diferencias entre hombres y mujeres. Sin embargo, aún no comprende cómo estas diferencias son reforzadas y amplificadas por el sistema patriarcal. Algo similar le sucede a Clara, protagonista de *Prohibido salir a la calle* de Consuelo Triviño, quien pronto percibe la desigualdad con respecto a su hermano, a quien todos consideran «el hombre de la casa» y cuya voluntad todos deben satisfacer. Clara también entiende que, por ser mujer, enfrenta limitaciones y expectativas distintas. En una conversación con su amiga Marta, reflexiona sobre el hecho de que crecer como mujer implica vivir en constante peligro, a diferencia de los hombres, a quienes nadie advierte de tales peligros (Castro Lee 2000: 376). Este punto marca un momento decisivo en la historia, ya que ambas protagonistas comienzan a tomar conciencia de su identidad femenina y del lugar que la sociedad les asigna.

---

⁴ Por ejemplo, *Jaulas* (1985) de María Elvira Bonilla, *Sabor a mí* (1994) de Silvia Galvis, *Prohibido salir a calle* (1999) de Consuelo Triviño, etc.

La protagonista, cuyo nombre nunca se revela, descubre la diferencia entre los sexos y, movida por la curiosidad, decide explorar su propio cuerpo. Sin embargo, es sorprendida por la criada, quien la reprende con dureza y le advierte que irá al infierno por hacer cosas indebidas. La mención del «infierno» la inquieta profundamente, aunque no comprende del todo su significado ni la razón por la cual ese lugar aterrador, del que solo ha escuchado historias espantosas, sería su destino. Uno de los temas centrales en casi todas las novelas de educación femenina es precisamente la relación entre la estricta formación religiosa y el despertar sexual de la protagonista, marcado por prohibiciones impuestas por las monjas:

> Era, además, el ángel custodio de nuestra pureza. Todas las noches pasaba revista de cama en cama para ver si estábamos acostadas como Dios manda, debidamente cubiertas y con las piernas cerradas, a fin de que los demonios no nos poseyeran durante la noche. Una y otra vez nos repetía que la desnudez no era bien vista por los ángeles, y que la única forma de bañarse de manera piadosa era sin mirar nuestros cuerpos pecaminosos. (Bonnett 2010: 102).

Dicho de otro modo, cualquier aspecto vinculado a la sexualidad es visto como un tabú, algo prohibido que debe evitarse y silenciarse. Esta visión genera una relación problemática con el propio cuerpo, estrechamente influenciada por una educación religiosa que, bajo los preceptos del catolicismo, promovía la idea de que la única forma de elevar el espíritu era denigrando el cuerpo[5].

En este fragmento, las referencias de primera persona expresadas por el pronombre *NOSOTROS* o por los morfemas verbales señalan al locutor del relato e introducen al personaje, quien narra en primera

---

[5] El cuerpo no es más que materia corruptible que hay que dominar mediante la ascesis, el sacrificio y la mortificación, hasta alcanzar el triunfo: la salvación eterna del alma y al final del mundo su propia resurrección (Gervilla Castillo 1999).

persona, ya que una de las intenciones del relato es hacer emerger la subjetividad del personaje y hacerla contrastar con otras entidades del entorno. Ese narrador intradiegético es, al mismo tiempo, narrador y personaje, de modo que todo lo ocurrido lo vemos a través de sus ojos. La prueba de ello es el uso frecuente de deixis personal de primera persona del plural: *nuestra pureza, estábamos, nos repetía, nuestros cuerpos*, que indica una colectividad, al que pertenece el narrador (mujeres jóvenes sometidas a normas religiosas). El uso repetitivo del pretérito imperfecto (*era, pasaba, repetía*) da cuenta de una descripción de eventos recurrentes en el pasado, lo que contribuye a la sensación de rutina opresiva. También está presente la modalidad deóntica (*Debidamente cubiertas y con las piernas cerradas*: establece normas de comportamiento explícitas, lo que sugiere un contexto moralizante y represivo), epistémica (*A fin de que los demonios no nos poseyeran*: se presenta como una suposición o creencia basada en un marco religioso, aunque no se plantea como un hecho comprobado) y axiológica (*La desnudez no era bien vista por los ángeles*: refleja una valoración negativa de la desnudez, derivada de un marco religioso que la asocia con pecado).

Sin embargo, la rebeldía de la protagonista la hizo explorar su cuerpo por su cuenta, para intentar descubrir qué tiene de especial su entrepierna y qué interés podría tener el demonio en profanarla:

> A la vista no encontré nada especialmente interesante. Con los dedos sí. Momentáneas dulzuras desconocidas, brevísimos espasmos divinos que, más prolongados, habrían producido ascensos místicos. El maléfico entonces entró en acción, y me hizo pagar caro mis pequeños placeres: hincó sus dientes en mis partes recónditas, inocentes, parcialmente desconocidas, y me provocó ardores, punzadas, lancetazos. Sin duda era víctima de un castigo por haber profanado mis castos, mis sagrados genitales en los breves escarceos a la hora del baño. (Bonnett 2010: 147).

En este párrafo vuelve el tono infantil de la protagonista, propio de una niña de trece años que percibe un proceso natural, normalmente doloroso, como un castigo divino. A la vez percibimos la escasa educación sexual, dado que ella, por falta de información, cree que le está pasando algo anormal. La razón puede ser el hecho de que la protagonista tiene una relación conflictiva con su madre. Se nota un vacío grande entre la comunicación madre e hija, sobre todo, en cuanto respecta a todo lo que tenga que ver con la sexualidad femenina.

El texto emplea un lenguaje rico en matices sensoriales y simbólicos: sensaciones físicas y emocionales (*dulzuras desconocidas, espasmos divinos, ardores, punzadas, lancetazos*). Estas expresiones evocan una mezcla de placer y sufrimiento, marcando una tensión emocional y física); Términos connotativos: (*maléfico, castigo, profanado, castos, sagrados*). Estas palabras reflejan una carga moral y religiosa, sugiriendo culpabilidad y pecado). Está presente la deixis personal: *mis partes recónditas, mis castos genitales* que subrayan la centralidad del YO en la narración. También es evidente la presencia de figuras retóricas: antítesis (Se contraponen *dulzuras desconocidas* con *ardores, punzadas, lancetazos*, acentuando la ambivalencia entre el placer y el dolor); metáfora y simbolismo (*espasmos divinos* y *ascensos místicos*) sugieren una dimensión trascendental del placer, mientras que *el maléfico* representa un agente del castigo moral), y personificación (*El maléfico entró en acción*) otorga características humanas a un ente abstracto, intensificando la narrativa. En cuanto a las modalidades discursivas predomina la modalidad axiológica (una valoración moral del acto descrito; las acciones se juzgan a través de un prisma de culpa y pureza, como en *profanado* y *sagrados genitales*) y modalidad deóntica implícita (se percibe una norma subyacente que condena la exploración corporal, reflejada en el castigo que la narradora siente). En resumen, el fragmento gira en torno a la dualidad del cuerpo como fuente de placer y sufrimiento, enmarcado dentro de un sistema de valores morales que condena la autoexploración. La protagonista asocia el placer con el pecado y el castigo, evidenciando un conflicto interno entre la experiencia física y los preceptos sociales o religiosos que ha interiorizado.

Finalmente, aunque no se menciona de forma directa en los fragmentos analizados, es importante destacar que la figura del narrador se presenta en dos aspectos: uno es la joven de 13 años que siente culpa por explorar su cuerpo, y el otro es la protagonista adulta que recuerda su comportamiento infantil con un toque de ironía. Hirsch (1979) destaca que el uso de la ironía es una característica central del *Bildungsroman*, ya que el narrador utiliza esta actitud para marcar la distancia entre su juventud y el presente, viéndola con ironía más que con nostalgia. De este modo, el lector puede deducir que, a pesar de haber crecido en un entorno marcado por restricciones y una educación religiosa estricta, la protagonista adulta es una mujer libre e independiente, cuya niñez llena de rebeldía y conflictos con su cuerpo es solo el punto de partida para el desarrollo de una nueva identidad femenina que se impone sobre las prohibiciones impuestas por la sociedad patriarcal desde su infancia. En este marco, el erotismo no solo abarca la dimensión sexual de la protagonista, sino que también actúa como un motor que la impulsa a explorar aspectos más profundos de su identidad, sus deseos y su relación con el mundo. En resumen, el erotismo en las novelas del *Bildungsroman* femenino va más allá de lo puramente sexual y se convierte en una herramienta narrativa que favorece el crecimiento personal, la resistencia a las normas sociales y la afirmación de la identidad propia.

En conclusión, el análisis de los mecanismos discursivos en la narrativa de Piedad Bonnett demuestra que el erotismo en su obra es mucho más que una dimensión estética; se configura como un espacio de desafío a las normas sociales, donde las dinámicas de poder, género y deseo son cuestionadas de manera profunda. Bonnett utiliza diferentes recursos discursivos, como metáforas evocadoras, imágenes sensoriales, monólogos interiores, ironía, focalización interna y externa del relato, etc. para construir una narrativa que no solo aborda la complejidad del deseo humano, sino que también desestabiliza las convenciones culturales que tradicionalmente han regulado la representación de la sexualidad.

En su obra, el cuerpo femenino ocupa el centro de la imagen erótica, ya no solo como objeto pasivo, sino como un territorio activo de experiencia, deseo y resistencia. Este enfoque redefine el cuerpo femenino, dándole agencia y autonomía, mientras refleja las tensiones entre lo íntimo y lo social. De esta manera, Bonnett también asienta las bases para la construcción de una nueva identidad femenina y redefine los roles de género en la sociedad colombiana actual. Por otra parte, a través del *Bildungsroman* femenino, el erotismo se presenta como un vehículo de autodescubrimiento para los personajes, un medio mediante el cual exploran su subjetividad, sus límites emocionales y psicológicos, y su conexión con el mundo que los rodea.

En última instancia, el erotismo en la narrativa de Bonnett no solo enriquece las dimensiones humanas de sus personajes, sino que también se erige como una herramienta crítica que invita al lector a reflexionar sobre temas universales como el amor, el cuerpo, el poder y la subjetividad. Así, su obra no solo desafía las fronteras de la narrativa erótica contemporánea, sino que también aporta una perspectiva renovada que amplía las posibilidades de exploración en la literatura colombiana y universal.

Bibliografía

Acosta de Hess, Josefina (1988): *Galdós y la novela del adulterio*. Madrid: Editorial Pliegos.

Bonnett, Piedad (2001): *Después de todo*. Bogotá: Alfaguara.

Bonnett, Piedad (2006): «Y todos tan contentos. Consagración de la mentira», *Fractal número 45/46*, Vol. XII, 83-90.

Bonnett, Piedad (2007): *Siempre fue invierno*. Bogotá: Alfaguara.

Bonnett, Piedad (2008): «Fracasar cada vez mejor», *Número 57*, 68-71.

Bonnett, Piedad (2010): *El prestigio de la belleza*. Bogotá: Alfaguara.

Carril Berro, Elena (2000): «Femenino/Masculino. La pérdida de ideales y el duelo», ponencia presentada en el panel sobre *Duelo en la diferencia de los sexos y las generaciones*. I Congreso de la Asociación Psicoanalítica del Uruguay. Disponible en: https://www.psicomundo.com/foros/genero/fm-ideales.htm

Castro Lee, Cecilia (2000): «La novela de formación en la narrativa de Rocío Vélez, Ketty Cuello, Silvia Galvis y Consuelo Triviño», En María Mercedes Jaramillo, Betty Osorio y Ángela Robledo (comps.), *Literatura y cultura. Narrativa colombiana del siglo XX. Vol. III*. Bogotá: Ministerio de cultura, 356-392.

Enrique Alfonso, Óscar (2008): «Naturaleza poética del lenguaje en la novela *Después de todo*: entrevista con Piedad Bonnett», *Literatura: teoría, historia, crítica*, 10, 319-332.

Foucault, Michael (1984): *Historia de la sexualidad 2. El uso de los placeres*. Argentina: Siglo XXI Editores.

Gervilla Castillo, Enrique (1999): *Valores del cuerpo educando. Antropología del cuerpo y educación*. Barcelona: Herder.

Hirsch, Marianne (1979): «The novel of formation as genre: Between Great Expectations and Lost Illusions», *Genre 12*, 293-311.

Jiménez Rodrigo, María Luisa, Marisa Román Onsalo y Joaquín Traverso Cortés (2011): «Lenguaje no sexista y barreras a su utilización. Un estudio en el ámbito universitario», *Revista de Investigación en Educación*, 2 (9), 174-183.

Machado Carrillo, Manuel (1977): *El adulterio en el derecho penal: pasado, presente y futuro*. Universidad Complutense de Madrid.

Marimón Llorca, Carmen (2008): *Análisis de textos en español. Teoría y práctica*. Publicaciones de la Universidad de Alicante.

Pineda Botero, Álvaro (2005): *Estudios críticos sobre la novela colombiana, 1990-2004*. Bogotá: Tercer Mundo Editores.

Rodríguez Fontela, María de los Ángeles (1996): *La novela de autoformación. Una aproximación teórica e histórica al Bildungsroman desde la narrativa española*. Universidad de Oviedo.

Rodríguez Magda, Rosa María (1994): *Femenino fin de siglo, la seducción de la diferencia*. Barcelona: Anthropos.

Sevo, Sonja (2024): «Explorando la crisis interna de la protagonista en *Después de todo* de Piedad Bonnett», En Elia Saneleuterio y Manuel Valero Gómez (eds.), *La rosa incómoda. Lecturas e identidades femeninas en la literatura contemporánea*. Comares Literatura, 25-37.

ORIFICIALIDAD: CUERPOS ENSAMBLADOS

Carla Nyman
Universidad de Sevilla

1. Contenedores de heces

Nosotras, nosotros, en tanto que seres-vivos-humanos, elaboramos, guardamos, transportamos, expulsamos secreciones a diario. Sostenemos esta dinámica del *subsuelo de heces* en la arquitectura de nuestras ciudades, de nuestras casas, con sus inmensos, pero secretos sistemas de aguas residuales. Y lo hacemos precisamente porque esta organización es una forma urbana del proceso de excreción para la correcta homeostasis del cuerpo: pero empecemos desde el principio.

Hace más de mil años, muchos siglos antes de que la biología desarrollara su aparato conceptual, San Agustín escribía: «nacemos entre heces y orinas». No podemos evitar llevar con nosotros órganos, líquidos, porque no somos estatuas de piedra. Llevarlos dentro, desplazarlos de un lado a otro. Levantar el cuerpo, moverlo con todas sus abominaciones, con sus fluidos, con sus secreciones, en un rumbo enteramente cotidiano, hasta su desintegración. Sin embargo, ¿no es a partir de nuestras *propias secreciones* cómo aprendemos la gramática del asco, la confidencia, el silencio, la vergüenza, la intimidad? Así nombramos lo sucio, lo abyecto, separándolo de nosotros, encerrándolo en el ámbito privado, en lo más oculto de nuestro cuerpo, apretando el esfínter hasta llegar a casa. A través de los filtros de nuestra cultura, percibimos estas excreciones como algo repugnante, como algo *extrañas*, aunque formen parte fundamental de nuestra vida corpórea.

El acto de ocultar los excrementos humanos comienza desde la infancia, cuando se esconden con rapidez en pañales desechables, cuando se eliminan en contenedores herméticos. Durante la edad adulta, se defeca en inodoros que disimulan los olores a través de pastillas, de aerosoles, de ambientadores. A veces, para que nadie escuche, se coloca un pedazo de papel para amortiguar el salpicar de las heces contra el agua. No es casual que la palabra *excreción*, que proviene del término latino *excrementum*, comparta raíz con la palabra *secreto*, en latín *secretum*. Tal como indica el sociólogo Georg Simmel (2015), el *secreto* cumple una función fundamental en la articulación de la sociedad moderna, regulando las distancias con el resto de individuos, con nosotros mismos, y marcando las diferencias de unos espacios con otros: en este caso que nos atañe, el del adentro hacia el afuera. Así, la *secreción* hace referencia a la naturaleza misteriosa de los desechos corporales, de los fluidos, a los que nos une una identificación privada que acompaña a una (des)identificación pública. A la vez, el acto de esconder los excrementos sugiere una necesidad automática de liberación, de sacar a la luz. Y es esta tensión de la evacuación hacia el soterramiento, de la expulsión hacia el secreto, la que muestra, sin lugar a duda, el marcado carácter ambivalente que se da con los propios residuos corporales.

Así llegamos a una cuestión crucial: algo de todo esto que anda escondido, oculto, censurado, quiere salir. Y lo hará, inevitablemente. Se perciben la presión rectal, la contracción de la musculatura cede a la inmanencia del tránsito mismo que es condición del ser corpóreo: la vida en su fluir se impone triunfante frente a cualquier norma, frente a cualquier vergüenza. Y es a través de esta *experiencia abyecta*, a través del agujero, del orificio, cómo se accede a ese otro lado.

2. Nuestro orificio

Ojos, bocas, anos, genitales, fosas nasales: nuestros cuerpos están llenos de orificios que sirven como puertas de entrada / salida para los distintos materiales que, desde nuestro nacimiento, nos atraviesan.

A lo largo de los siglos, las concepciones relativas a estos orificios del cuerpo han evolucionado en función de las creencias religiosas, de las especulaciones filosóficas, así como del desarrollo de las artes de la medicina, de la anatomía. Desde las primeras trepanaciones prehistóricas hasta la invención del cuerpo cerrado del maniquí, nuestras prácticas antropológicas relativas a nuestros orificios conforman uno de los elementos clave a la hora de dar cuenta del sistema ontológico general del que participan. Debemos asumir que una incisión es, en cualquier caso, una abertura al mundo (Le Breton 2001).

Desde nuestro punto de vista, esta última idea que mencionamos no fue nunca contemplada por la Modernidad: las ciencias sociales de los modernos inventaron un sujeto individual, autónomo, consistente (Latour 2005). Si la Ilustración fue la liberación del hombre de su culpable incapacidad para la autonomía entonces, para poner remedio a esa incapacidad, la modernidad configura la ciencia como mecanismo humano de dominio de la naturaleza, y la democracia como forma de gobierno de los hombres (Latour 2005). Tal matriz antropológica está cuestionada, desde nuestro punto de vista, por la mera existencia de los orificios corporales, que plantean una imposibilidad de la ontología moderna en favor de una ontología rizomática (Deleuze y Guattari 1994) o ensamblada (De Landa 2021). En ese sentido, nuestra investigación busca problematizar la idea de sujeto moderno a partir de la reflexión sobre los orificios del cuerpo, en torno a los cuales se organiza la experiencia del goce desde las primeras semanas de vida

(Freud 2012), y analizar y rastrear esta posible política de la orificialidad en textos literarios y otras manifestaciones artísticas.

Nuestra hipótesis de partida asume, por tanto, que el orificio es una entidad que problematiza la idea moderna del sujeto al poner en cuestión las fronteras fenomenológicas adentro / afuera. En otras palabras, los orificios del cuerpo actúan como enlace, difuminan los límites del sujeto frente a la alteridad; y es desde este espacio de confusión desde donde los orificios desdibujan el perímetro del cuerpo: desde la infancia, nuestra cultura nos enseña a ocultar los objetos que se originan en el interior del organismo. El origen enigmático de las secreciones plantea, de alguna manera, una amenaza a la idea del carácter cerrado, hermético, delimitado, del cuerpo. Como decíamos, desde las primeras semanas de vida, los agujeros del cuerpo humano resultan significativos para su portador. Nos permiten explorar, conocer; así como mantener el vínculo de nutrición con el pezón materno. Estamos habitados por los orificios, se hunden en nuestras carnes: ¿o sería mejor decir, quizás, que se hunden hacia afuera? Se empeñan en difuminar ese límite entre lo que ocurre en el interior, lo que vive fuera de nosotros. De modo que son entidades dudosas, problematizan, complican la articulación semiótica del afuera con el adentro. Así es, precisamente, como Jacques Derrida (1992) discute esta estructura tan importante para nuestra cultura, puesto que el orificio actúa como un enlace, pero no pertenece a ninguno de los dos mundos. Y es desde esta zona difusa, desde esta indefinición real entre dos opciones opuestas en el plano de lo semántico, como los orificios difuminan el perímetro de nuestros cuerpos.

Así pues, todo lo que atraviesa el orificio supone una mezcla, una confusión, en el sentido etimológico del término. No hace falta más que darle la vuelta a la palabra para aprehender su significado más elemental: el acto de confundir, de fundir con, no es ni más ni menos que el acto de mezclar. Y es en esta fusión con lo otro como quedamos transformados a través de un itinerario íntimo: así ocurre en la alimentación, en las actividades sexuales, en las amatorias, y en otros aspectos de la vida que involucran los intercambios de sustancias a través de nuestros cuerpos con el entorno.

Resulta hermoso, entonces, pensar que los agujeros nos comunican con lo *otro* que *no somos*. O, sencillamente, que nos hacen ser más *otro*. Nunca fuimos realmente yo desde que tuvimos agujeros. En la obra de Rabelais (2011), por ejemplo, así como en cuentos eróticos medievales tales como las *Fabliaux* (2005), el cuerpo es grotesco, bello, pero porque es poroso, flexible, circulatorio: es así como los orificios nos permiten vivir la experiencia de fusión con los otros. No es casual que en el verso «l'uns vers l'autre tant s'amolie» del *Fabliaux* (2005) medieval se preste a la confusión del verbo principal: ¿el uno hacia el otro tanto se ablanda o el uno hacia el otro se cae a pedazos? De modo que el *individuo* no existe del todo, que el individuo se rompe hacia y con el otro.

Volvamos, por un segundo, al niño: en sus primeros años de vida, precisamente por no poseer todavía control, norma, sobre sus propios orificios, expulsa arbitrariamente los líquidos, las excreciones que circulan dentro de su cuerpo, si es que acaso en este punto tiene sentido seguir utilizando el posesivo su. Dicho de otra forma, todavía no ha tomado control de sus límites en el proceso de subjetivación. Así el infante, precisamente, *aquel que no habla*, se desborda hacia lo otro, vive en una fusión con el cuerpo de la madre, previo paso del *estadio del espejo*, como indica Jacques Lacan (2009).

Esta idea de *completitud*, desde un enfoque psicoanalítico, entiende que, desde el parto, desde esa castración original, división o separación, la primitiva naturaleza del individuo es estar arrojado a una perpetua búsqueda de unión primigenia con la madre, con el todo, con el ecosistema, a través de actividades y sustituciones compensatorias como, por ejemplo, el amor. ¿Será este amor primario el que los humanos busquemos en el amor al otro durante las primeras fases apasionadas del enamoramiento?

Sin embargo, al igual que el yo agujereado puede fusionarse con lo otro, también puede hacerlo desaparecer, hacerlo indistinguible en el sí mismo, ser absorbido como por un agujero negro: el cuerpo horadado avanza, distorsiona la identidad del otro, lo empuja o lo traga hasta que se vuelve inalcanzable porque está incorporado. Si la entrega o la absorción es total, es decir, si el *yo* termina devorando al otro como en un acto caníbal, el *otro* deja de existir por completo: es por esto que desvelar toda la intimidad del otro, todo su secreto, equivale a destruirlo, a devorarlo.

3. El rostro como espejo del alma

Se podría decir que el rostro nos define como personas. Nos confiere identidad, nos permite el *reconocimiento*. La musculatura facial, la complejidad de la cara, tiene la capacidad de otorgarnos una personalidad frente a los otros, permitiendo que se nos reconozca como individuos únicos, aislados. En definitiva, es un elemento distintivo, definitivo, diferencial de las personas.

Sin embargo, podría ser a la vez la zona más confusa del cuerpo, menos sólida, menos acabada, menos cerrada, menos consistente, por su elevado número de orificios. Sigamos a Foucault (2010) cuando dice: *mi cabeza, qué extraña caverna que se abre al mundo exterior por dos ventanas, dos aberturas.* Sus abundantes agujeros: boca, ojos, orificios nasales, orejas, auguran su propia ruina, la ruina del sujeto. Una perspectiva maciza del sujeto hace aguas por todas partes, se ve afectada por la presencia de numerosos huecos en su anatomía. Estos agujeros faciales contribuyen a la disolución de su integridad física, minan la solidez de la idea de entidad. En efecto, pueden vaticinar la ruina del sujeto en tanto que su presencia desestabiliza su integridad, su robustez, poniendo en tela de juicio su capacidad de mantenerse como un todo coherente, compacto, unitario.

Además, dan cuenta de la realidad subyacente, desvelan la interioridad. Siguiendo a Julia Kristeva (2006), el término *abyecto* hace referencia a las sustancias generadas en el interior del cuerpo humano, cuya expulsión se lleva a cabo a través de los orificios corporales. Estas secreciones y líquidos tienen un efecto fascinante, ya que su origen en el interior enigmático del cuerpo plantea una cierta amenaza al carácter hermético y delimitado del organismo, como vengo argumentando. La paradoja reside en el hecho de que, a pesar de ser producidos por el propio cuerpo, estos líquidos son tratados como desechos o desperdicios, generando así una percepción de rechazo hacia ellos.

¿Son así los ojos un reflejo del alma o, más bien, una ventana hacia el interior repugnante del cuerpo del sujeto? El líquido que chorrea de nuestros lagrimales o el ojo mismo, por ejemplo, es ese lóbulo, ese agujero del que emerge lo repulsivo que albergamos en el interior de nuestros cuerpos. Nos recuerdan constantemente la posibilidad de caer hacia dentro, en el abismo, en lo oscuro, desconocido, desagradable que se esconde debajo de nuestra piel. «Los ojos son el espejo del alma», son la puerta al misterioso y escatológico secreto que guardo en mi interior. Ahora, cada vez que nos miremos a los ojos, estaremos observando las secreciones de los demás, sus líquidos, esas dos esferas chorreantes, e irremediablemente estaremos cayendo cada vez más adentro del otro. Así pues, los orificios vaticinan la disolución del sujeto.

4. Desjerarquizar el cuerpo

La idea de rostro inarticulado o desmembrado tal vez pueda ser un reflejo más auténtico de esa masa obscena y líquida que nos habita y que somos. Contribuye a la coincidencia entre el rostro *real* y la *persona* (o monstruo) que hay detrás. Sin ir más lejos, Bacon descompone la unidad de los rostros, los descuartiza o sencillamente los muestra tal y como son por dentro, absorbidos hacia dentro, ilustrando figuras en movimiento, disgregadas, mezcladas, solapando incluso las articulaciones de uno con las del otro, desterritorializando el mapa del cuerpo individual y compacto.

Por su parte, también Piñera (2008), en sus *Cuentos fríos*, presenta el carácter accidental del rostro, dejando que sus personajes pierdan partes de su cara por el camino. Los narra despeñándose por una montaña, perdiendo todos los rasgos, quedándose en blanco, viendo sus frentes y barbas saltando por los aires entre la maleza. Desorientados por no saber cómo recomponerse de un desmembramiento así, de una ruptura así, acaban mezclándose las cejas con las lenguas y los ojos en las rodillas del otro. Inaugurando, tal vez, la confusión inevitable de los cuerpos, un cuerpo continuado en el otro, un cuerpo absoluto e inmenso. Begoña Méndez, en su *Autocienciaficción para el fin de la especie* (2022), sugiere la noción de *carne* como alternativa a las limitaciones de la idea de cuerpo. La autora propone la disolución de los bordes del cuerpo para que, en su ensanchamiento, pierda su condición fronteriza hasta el punto de desbordarse de su categoría antropomórfica. Así, acaba siendo absolutamente carne en expansión, que entra y sale de otros cuerpos, que se mezcla con ellos y se transforma. De esta manera elude la idea de cuerpo como resultado de un corte, de un límite. Al final, inventamos los cuerpos con la palabra.

Así llegamos a las nuevas ontologías ecológicas, en las que nos apoyamos para defender nuestra tesis, que parte de las características conceptuales de la Teoría de actor-red (2005) de Bruno Latour, quien apunta a la desjerarquización del individuo frente a la naturaleza y la *physis*, y que tiene su antecedente en la noción de rizoma de Guilles Deleueze y Fèlix Guattari (1994); la Teoría de los ensamblajes (2021), desarrollada por Manuel De Landa; el Posthumanismo y Transhumanismo, que debemos a las filósofas Rosi Braidotti (2015) y Donna Haraway (2020), así como los Nuevos Materialismos y la noción de intracción (2023), encabezados por Karen Barad.

En este punto, es importante evidenciar cómo las prácticas históricas y los discursos están arraigados a sistemas de conocimiento específicos que sirven a la vez para perpetuar una ficción del sí mismo separado de su entorno. Abogamos por defender esta noción contemporánea de subjetividad creativa y nómada, y es la idea de ensamblaje, de rizoma, la que cuestiona las teorías de totalidades orgánicas y funcionalistas, propias de la Modernidad.

5. Soy un cadáver

No en vano, la abyección alcanza su paroxismo en la figura del muerto, porque el cadáver *conserva* la materia excretada al tiempo que pierde su condición de cuerpo al deshacerse en la materia orgánica del entorno. La tendencia contemporánea del sujeto a ser incinerado tras la muerte, para eludir su proceso de descomposición, frente a la opción que supone la disolución panteísta con el territorio en el entierro no marca solo la preferencia por una inclinación más económica, sino la emergencia histórica de una distancia antropológica que la modernidad impone al cuerpo con su afuera. O, en otras palabras, la aparición moderna del asco. Como hemos mostrado, este *sentimiento de abyección* carece de sentido para nuestros antepasados medievales, al menos en lo que a las fuentes literarias respecta. Aunque parezca paradójico, aquí, algo que desaparece, algo que se desvanece en el fuego, asegura mejor el recuerdo sólido y la continuidad del sujeto en tanto que individuo aislado.

A lo largo de nuestra vida, digamos que existe una lucha para que los equilibrios biológicos se sostengan, para mantener el cuerpo en el que no ocurre esa desintegración. No obstante, llega el envejecimiento, un proceso que se manifiesta como una transformación paulatina de la capacidad regenerativa de la mitosis celular. De modo que lo que comporta llevar un cuerpo es conseguir que estas funciones metabólicas se sigan dando, realizar funciones vitales básicas, como comer, orinar, defecar, para el correcto funcionamiento de la homeostasis corporal, para poder, en cierto momento, formarnos como individuos perecederos en comunidad. Así pues, no es tan distante el espacio entre estos dos estados: estar vivo significa estar muriendo. Somos residuos por norma, por definición. Está claro, pues, que el cadáver, del latín *cadere*, caer, al representar lo que inevitablemente ha sucumbido, provoca una perturbación violenta del sujeto macizo: el cuerpo no es soberano.

6. El inodoro

Volvamos al principio. Tal vez ir al baño, al excusado, al inodoro, sea uno de los momentos más íntimos, más primitivos que experimentamos en nuestro día a día. Decía Freud que la caca es el primer regalo que hacen los niños a los padres, y seguramente compartir la intimidad del cuarto de baño junto a otro sea sin duda un regalo.

Generalmente, nos negamos a admitir el protagonismo de las secreciones en nuestra vida. A pesar de que aproximadamente dos tercios de la población mundial carece de acceso a instalaciones sanitarias adecuadas, como retretes, y de que en los países industrializados occidentales la eliminación de heces se realiza de manera tal que su presencia en el espacio público resulta prácticamente inexistente. Sin embargo, la generación cotidiana de materia fecal es un proceso que ocurre a diario. Se estima, por ejemplo, que en la ciudad de Berlín produce diariamente cerca de ochocientas toneladas de excrementos. Y siempre desaparecen tan invisibles, tan inodoros, tan discretos, sin dejar rastro alguno gracias al eficiente sistema de alcantarillado, de tratamiento de aguas residuales, del que tampoco tenemos ninguna noticia en el debate político.

La conclusión es, desde este punto de vista, que la tendencia antropológica a ocultar los productos de la secreción en la modernidad occidental está motivada por esta relación contradictoria, ambivalente, con nuestras secreciones y agujeros: porque insisten en recordarnos nuestra transitoriedad en el mundo, nuestra fugacidad, nuestra naturaleza de cuerpos no monolíticos, fluidos, en permanente metamorfosis, exterioridad y descomposición. Ponen de manifiesto los problemas sobre la alteridad, la configuración de la subjetividad, del cuerpo como intruso y extraño. Morimos igual que nacemos, entre heces, entre orines, como escribía San Agustín.

Bibliografía

Barad, Karen (2023): *Cuestión de materia. Trans/Materia/Realidades y performatividad queer de la naturaleza.* Barcelona: Holobionte Ediciones.

Braidotti, Rossi (2015): *Lo Posthumano.* Editorial Gedissa.

De Casas, Felicia (ed.) (2005): *Fabliaux (Cuentos franceses medievales)* (vol. 205). Guida Editori.

De Landa, Manuel (2021):*Teoría de los ensamblajes y complejidad social.* Editorial Tinta Limón.

Deleuze, Guille y Félix Guattari (1994): *Mil Mesetas. Capitalismo y esquizofrenia.* Editorial Pretextos.

Derrida, Jacques (1992): *La escritura y la diferencia.* Anthropos Research & Publications.

Foucault, Michel (2010): *El cuerpo utópico. Las heterotopías.* Nueva visión ediciones.

Freud, Sigmund (2012): *Tres ensayos sobre teoría sexual y otros escritos.* Alianza.

Haraway, Donna (2020): *Manifiesto cíborg.* Kaótica Libros.

Kristeva, Julia (2006): *Poderes de la perversión.* Siglo XXI Editora Iberoamericana.

Lacan, Jacques (2009): *Ecrits.* Editorial Siglo XXI.

Latour, Bruno (2005): *Reensamblar lo social: una introducción de la teoría del actor red.* Editorial Manantial.

Méchin, Colette, Isabelle Bianquis y David Le Breton (2001): *Le corps et ses orifices.* Editions L'Harmattan.

Méndez, Begoña (2022): *Autocienciaficción para el fin de la especie.* Hurtado y Ortega Editorial.

Piñera, Virgilio (2008): *Los cuentos fríos. El que vino a salvarme.* Cátedra.

Simmel, Georg (2015): *El Secreto y las sociedades secretas.* Sequitur.

Rabelais, François (2011): *Gargantúa y Pantagruel.* Editorial Acantilado.